编委会

主 编

仇 君

副主编

陆 坚 顾江峰 洪良纯

编 委

嵇秋语 洪建龙 邱武杰 熊菲菲 吴蕴玉
芮 振 陈 亮 王璐倩 杜艳艳

执行编辑

吴聿明

太仓老报刊辑存

（馆藏民国报刊）

太仓市档案馆 编

上海文艺出版社

图书在版编目（CIP）数据

太仓老报刊辑存：馆藏民国报刊／太仓市档案馆编．
—上海：上海文艺出版社，2023.9
ISBN 978-7-5321-8815-4

Ⅰ．①太…　Ⅱ．①太…　Ⅲ．①报刊—史料—汇编—太
仓—民国　Ⅳ．① G219.296

中国国家版本馆 CIP 数据核字（2023）第 156833 号

责任编辑　毛静彦
特约编辑　长　岛
装帧设计　长　岛

太仓老报刊辑存（馆藏民国报刊）

太仓市档案馆　编

上海世纪出版集团　上海文艺出版社
上海市闵行区号景路 159 弄 A 座 2 楼　201101

上海文艺出版社发行中心发行
上海市闵行区号景路 159 弄 A 座 2 楼 206 室　201101　www.ewen.co

苏州市越洋印刷有限公司印刷

开本 787×1092　1/16　印张 19.5　插页 2　字数 260,000
2023 年 9 月第 1 版　2023 年 9 月第 1 次印刷
ISBN 978-7-5321-8815-4 / G·0387　定价：88.00 元

告读者　如发现本书有质量问题请与印刷厂质量科联系
T：0512-68180638

太仓老报刊报头一览

太嘉寶日報

平民日報

第一千四百一十六號

新太倉

第十號　　發行者　新太倉學社　社

中華民國三十五年五月一日　星期三

地址　上海北京西路六三五號　電話　三六四五五

太倉明報

第四期　中華民國三十六年二月六日　第四二號

婁江日報

◀ 第十四期 ▶

中華民國三十五年九月二十一日　星期六

◀ 本報已請呈登記中 ▶

★ 發行人：章慎言　　復興印刷局代印 ★

太倉公報

第一號

太倉日報

太倉新報

第三五一號

太報

民聲

前言

太仓历史悠久，人文荟萃，经济富庶，文化繁荣。20 世纪初商业经济得到较快发展，民众的思想和文化也较为活跃。作为文化载体的报刊也被纷纷创办和发行，一度曾影响广泛。据文史资料记载，太仓最早的报刊创于 1911 年之后，三十多年间前后曾有二十余种报刊印行于世。

老报刊作为一个历史时期的文化遗产，具有一定的文化和学术价值，其中不乏珍贵的文档史料，值得我们认真地研究和整理。太仓档案馆收藏太仓历年老报刊十余种、七十三册报纸合订本，计三千余份。这些档案资料长期封存于库，为了充分发挥这批文档的社会作用，彰显它们的史料和文化价值，我馆编辑出版《太仓老报刊辑存（馆藏民国报刊）》一书，供文史界、新闻界以及社会各界人士参考使用。

本书的编写体例是"辑存"，就是将历年在报刊上发表的文稿加以筛选，分门别类进行编选。全书共分为时政要闻、本邑新闻、社会新闻、文教简讯、评论启事、副刊艺文、广告商情和文史掌故八个栏目，兼顾了新闻的报道面、各类文体以及社会、文教和经济各个层面。每件文稿均注明采自何种报刊、发表的日期和版别，以便读者翻检阅读，也可供研究者作为查找原件的索引。

所谓老报刊，主要是指自 1911 年至新中国成立前这一历史阶段的报刊，亦称之为民国报刊。我们在使用这些文档的时候，要区分精华和糟粕，加以分析评判。编辑、整理和出版《太仓老报刊辑存（馆藏民国报刊）》是一件研究性和学术性较强的工作，由于我们的水平有限，加之经验不足，所以书中定有偏颇、错讹之处，敬希读者不吝赐教。

在本书编辑出版的过程中，得到社会各界和有关部门的大力支持，尤其是市委市政府领导给予了亲切的关怀，在此一并致以真挚的谢忱。

太仓市档案馆

2023 年 4 月

目录

contents

本邑新闻

社会新闻

文教简讯

评论启事

副刊艺文

广告商情

文史掌故

时政要闻

上海发现真性霍乱　卫生当局厉行防止

　　本报特辑稿　据中央社上海特讯，本市自仲夏以来，气候炎热，亢阳为虐，日来热度益甚，竟超逾百度以上，致本市各区平民迭有时疫之发现。自上月初旬迄今，全市区时疫医院统计，已达五百八十名，尤以廿六、廿七两日竟有一百五十四名，计廿六日八十名，廿七日七十四名，且患者多数为真性霍乱。本市卫生当局为厉行防止起见，除对界内各菜馆冷饮店严厉禁止出售不洁饮食料品外，并强迫注射预防针。

1942年8月1日《太仓新报》第二版

苏淮特区署通令　提高教职员待遇

苏淮讯　教育良窳影响于国家兴替，社会荣枯至深且钜，亟应力求发展，以奠国基，唯各级学校教职员向本清苦，复值米珠薪桂之际，生活维艰，至从事教育者每多苟延一时，不能专心谋教育改进，若不设法增高待遇、安定生活，影响教育前途实非浅鲜。苏淮特别区行政公署有见及此，为体恤教职员清苦、图谋教育进展起见，自本年度起，本特区内所有各级教职员待遇，均依照一百另一元以上者增加原薪一成五、一百元以下者增加二成之标准一律提高，以期生计稍纾，俾得安心服务。所有该署直辖学校由本署办理，其他市县所属学校由各市县自行办理，各级学校奉令后当即遵照办理。各级教员为薪金提高、生活得以安定，可安心教学，苏淮教育前途、殊堪期待云。

1943 年 3 月 28 日《太仓日报》第三版

苏北修堤下月开工

扬州讯　扬邑苏北运河工程局对于运堤工程极为注重，近以年来运堤春修每因特殊关系须延至五六月间始能开工，对于夏防影响甚巨。该局陈局长有鉴于此，特于上年十一月间即派员实施勘估，拟具计划图表等，呈请苏北行营，转咨水利委员会提早办理，详情曾志前报。兹悉水利委员会已经核准，本年运堤春修决可提前举行，大约二月中旬即可动工，以期在伏讯以前一气呵成。该局陈局长曾于日前晋京向水利会报告筹备情形，并请示机宜，昨已公毕返扬，现正督同全局人员积极准备，工作方面至为紧张云。

1943 年 2 月 1 日《太仓新报》第三版

津市新国民教育　本年度实施计划

天津讯　津市教育当局为完成新生活体制建设，对一百七十万市民施以新国民教育，已决定本年度社会教育方针，令各民教馆及社教机关遵照奉行，并以讲演为普及办法。其计划如下：一月实行破除迷信、识字运动，二月健全娱乐、防火宣传，三月清洁运动，四月种痘宣传、植树造林，五月夏季卫生、崇拜祖先，六月防疫、灭蝇，七月保甲自治、合作运动，八月科学常识、尊孔精神，十月国庆、儿童教育，十一月冬季卫生、婚丧改善，十二月法律常识、商工民生之改善云。

1943年2月1日《太仓新报》第三版

罗斯福令议会讨论防止通货膨胀对策

　　斯德哥尔摩廿三日中央社电　据伦敦泰姆士报驻华盛顿特派员所传出消息，罗斯福总统准备向下周议会发出讨论关于防止通货膨胀对策之命令，又据该特派员所推测对策内容大概为：一，个人所得以二万五千或五万美元为最高限度，超过此数以上之所得由政府没收。二，战时劳动局对于加薪不予许可，同时物资对策方面则将固定批发价格，并为统制另卖价格起见对消耗品采用分配制。三，对于销卖战债不主采用强制分配制，而候国民自动购买。四，为扩充生产力起见，动员妇女。又据泰姆士报特派员观察，美国在参战后四月之现在，方始感到有采用此项通货膨胀对策之必要，足以证明通货膨胀之威胁，实出于意料之外之深刻云。

1942 年 4 月 28 日《太仓新报》第四版

時事摘要

教部訂職校辦法 通令所屬機關遵辦

（南京廿四日中央社電）教育部以職業教育之目的，在訓練各項職業技能，以增進生產而裨實用，特訂職業學校實習辦法一種（略）及各種實習表格五類（略），通令所屬各德關學校切實遵照。

陳公博氏訓令嘉獎 陸軍十三師政訓處

（南京廿四日中央社電）陸軍第十三師政訓處，係由軍事委員會政治訓練部直屬組織，受部師監督指導。計本年二月一日成立，所有工作人員亦均由政治訓練部直接委派。該處自本年一月間同司令部，處長王景新僕下，所有總務工作同志，在于師長，指導民衆等工，均遵依照政治訓練部須實施納令不遺餘力，尚能整理綱所屬各級部隊，又遵同志多人協力，觀察委員會任德司令等蒞處視察，對該處工作，會面波嘉許，日前政治訓練部陳部長公博工作人員，均勗勵努力，成績優良，特訓令嘉獎。

羅斯福令議會 討論防止通貨膨脹對策

（斯德哥爾摩廿三日中央社電）據倫敦泰姆士報駐華盛頓特派員所傳出消息，羅斯福總統準備向下周議會發出討論關於防止通貨膨脹對策之命令，又據該特派員所推測對策內容大概為：一，個人所得以二萬五千或五萬美元為最高限度，超過此數以上之所得由政府沒收。二，戰時勞働局對於加薪不予許可，同時物資對策方面則將固定批發價格，並為統制另賣價格起見對消耗品採用分配制。三，對於銷賣戰債不主採用強制分配制，而候國民自動購買。四，為擴充生產力起見，動員婦女。又據泰姆士報特派員觀察，美國在參戰後四月之現在，方始感到有採用此項通貨膨脹對策之必要，足以證明通貨膨脹之威脅，實出於意料以外之深刻云。

日山西學術調查團 由東京出發來華

（東京廿四日中央社電）日文部省自然科學研究所，所派遣之第一次山西學術調查團自主辦，團長以下一行三十餘名，定本月十五日先行出發之先導，於昨日（二十三日）下午九時二十五分由東京站出發。

美祕簽訂經濟協定

（華盛本廿三日中央社電）據華盛頓來電，美當局頃訪美中之祕魯財長長皮皮，昨已簽訂美祕經濟協定，該協定內容規定一源，祕魯設立亞馬遜公司，二，美國進出口銀行以外之綠皮，供給祕魯二千五百萬元貨幣，三，由美農業部之斡旋，供給美國膠用工具，作爲開發祕魯農工業，後五年中祕魯將必要量以保全等持所必需之軍事原料，埃斯間囊巳簽訂美祕經濟協定，國務卿赫爾現宣布，又由美派遣專門技術家，指導改良開發祕魯棉花。

联合国商航四沉没

　　重斯本廿一日中央社电　据华盛顿电，美海军部廿日发表，联合国货船一艘，于大西洋触德潜艇敷设之水雷沉没，其他一艘重创，美小型商船一艘，于加勒比海沉没，中美尼加拉瓜小型船一艘于距大西洋海举九十六公里洋面被击沉没。

1942 年 6 月 26 日《太仓新报》第三版

英海部宣布沉失巡洋舰

　　伦敦二十四日电　哈瓦斯社讯，海军部宣布：英国巡洋舰"德恩丁"号于去年十二月间在大西洋被敌军潜艇击沉，总计阵亡官兵四百二十一名。按该舰排水量四点八五吨，装有六英寸口径炮六尊、四英寸口径高射炮三尊。

　　华盛顿二十四日电　哈瓦斯社讯，海军部顷宣布南斯拉夫小型货轮一艘，在墨西哥湾沉没，遇救船员已登陆。

1942 年 6 月 28 日《大仓新报》第三版

南通棉花丰收

南通十九日电中央社讯　棉花即将上市，连日各大棉业公司及行庄俱已准备开秤收花。本县棉产今年尚属丰收，产额亦多，市价每市担千余元，籽花五百余元，农民因田花价高昂，利益优厚，生活大多安定。

1946 年 10 月 24 日《太仓新报》第二版

省会各界筹备举行秋季祀孔大典

苏州讯　每年秋季，省会各界循例举行纪念至圣先师孔子释奠典礼，仍由教育厅主持，并由各机关及当地士绅代表，组织祭典筹备会，本届筹备会，早经成立。对于筹备工作，积极进行，昨上午十时，教育厅在会议室召开第二次筹备会议，省政府特派张主任秘书莅会指导外，到政务厅第五科长段希鸿及顾之昌、彭锡英、钱伯英，省党部顾曾华，暨地方士绅代表潘经秬、吴逸人，教育厅袁厅长（吴主任秘书代）王道甫、陆良成等，由厅主任秘书主席报告筹备经过情形，并讨论各项议案，均顺利通过。主祭官已呈请陈省长担任，陪祭官亦已分别请定，并柬请各机关长官届时参加盛典，祭期为本月二十八日晨，即在孔庙隆重举行云。

1944 年 9 月 26 日《太仓公报》第一版

操纵囤积　超越限价　沪大批奸商被检举

沪讯　沪市自食粮、菜蔬、柴炭等于发历年关节起突然暴涨后，实予市民生活上一重大威胁故咸希望当局迅速采取有效对策。市警局第四处经济保安科，及经济警祭队为特别抑制新正以后物价之再度暴涨，曾于七日起至十二日断行取缔食料、燃料关系物品涨价。于安定价格上收到极大效果。今后对价格之推移，正予严重监视中。乃将该科及该队队员约百名编成特别检察班，在关系各机关及同业公会代表等之协力下，迄十二日赴各小店及市场，实施严格调查全般物价。结果查获检举燃料方面超越限价商店二家，煤球店一家柴店一家。

1945 年 2 月 19 日《太仓公报》第一版

休战条约签字　我国代表决定

中央社讯　据里斯本十七日同盟社电，据路透社中国政府发言人称，参加对日本之四国休战条约之中国代表，已决定为军事委员会军令部长徐永昌。

1945 年 8 月 19 日《太仓公报》第一版

日大西中将在官邸自刃

中央社讯　据同盟社十七日东京电，日海军省十七日下午四时发表：海军中将大西泷治郎，十六日上午三时于官邸自刃。

1945 年 8 月 19 日《太仓公报》第一版

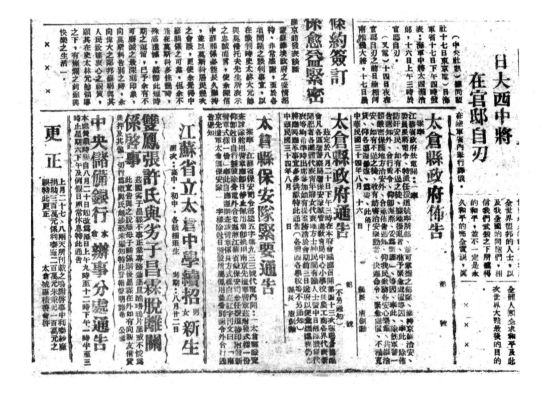

美科学团将赴日考察原子弹结果

中央社华盛顿廿五日电　盟国科学家特别考察团，将随麦克阿瑟大军登陆日本，以彻底考察原子弹轰炸广岛及长崎之结果。该团将携防卫器具及特种工具，以测验日本所谓"反幅射"猛烈结果之真确性。渠等将访问倖免于难者，尤其曾受弹伤者。美科学权威者，正试验日本所称各节之真伪，盖日方之所言，可能获得盟国间之广大同情也。美海军部今夜宣称：设计中之□□军□避免原子弹进□之高射炮已有进展，且获悉此种高射炮，乃由雷达所控制，射程达五万英尺。

1945 年 8 月 29 日《大仓公报》第二版

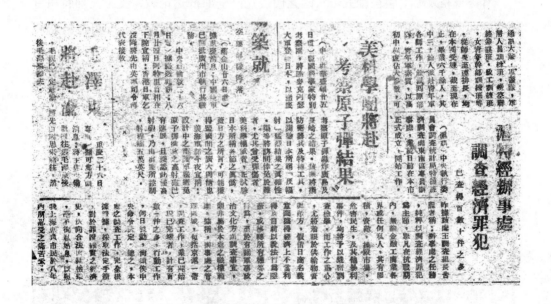

联合国大会揭幕

沪讯　伦敦九日广播称：在数小时内，联合国大会即将展幕，此一会议，为近年来各国间各次会议之最高峰，其成功与失败，有关人类未来之命运，大会除排难解纷外，并将奠定永久和平之基础，务使战祸永不复发。英王有鉴于斯，特于今晚在圣詹姆士宫欲宴全体联合国代表，美国务卿贝尔纳斯与苏联副外委员长维辛斯基及时赶到参加，为大会生色不少。

联合国伦敦电　明日为国际联盟在凡尔赛创立二十六周年纪念，联合国适于是日开会，可谓不谋而合。

路透社伦敦电　联合国五十一国之代表几已全部抵达伦敦，英王及阿特里首相准备举行盛大之欢迎会，至明晨历史上最伟大之和平制造会议，即可在威斯特欧斯特之中央大厦隆重揭幕，现已抵达伦敦之各国代表已近三千人，其中有于战事发生后从未来此者，故已特派口导人通译以资便利。各国新闻记者业已抵此间者约四百名，当局特拨电话七十具，专供记者使用。

1946 年 1 月 11 日《太仓明报》第一版

邑人吴健雄博士为旅美原子能专家

本报讯　邑人吴健雄女士旅美有
年，在加利福尼亚大学得博士学位，
以穷研物理有助于原子炸弹之发明。
按吴博士为刘河吴仲裔先生之女公
子，今年三十一岁，曾随美原子弹发
明人劳伦斯博士，在该大学放射实验
室担任研究工作，于一九四〇年得博
士学位，不但为吾邑妇女界杰出人才，
且为我国科学界之先锋云。

1946 年 3 月 27 日
《太仓明报》第二版

邑人吴健雄博士
为旅美原子能专家

……询吾邑妇女界杰出人才……

（本报讯）邑人吴健雄女士、旅美有年、在加利福尼亚大学得博士学位、以穷研物理、有助于原子炸弹之发明、按吴博士为刘河吴仲裔先生之女公子、今年卅一岁、曾随美原子弹发明人劳伦斯博士、在该大学放射实验室担任研究工作、于一九四〇年得博士学位、不但为吾邑妇女界杰出人才、且为我国科学界之先锋云。

京大屠杀案将清算　招目睹者赴日作证

南京六日讯　举世闻名之南京大屠杀案，最近可望于远东国际军事审判法庭中得一总清算。兹悉该庭刻正审理日本主要战犯二十八名，渠等对南京大屠杀案直接间接均负有重大责任。法庭方面为求确实公允，特派美籍检察官塞顿律师前来南京，向我国政府请求招运南京大屠杀之见证人。闻我方对此颇为重视，连日有关方面正在积极物色目击此一惨剧之各方人士。刻已有许传音博士、程洁女律师等十余人，与塞顿律师接见多次。首批证人许博士等一行，将于六月八日启程赴沪，转飞东京。按许氏为美国意利诺大学经济铁道科博士，在教育交通界服务数十年，并曾兼任红十字会副会长，南京沦陷初期许氏曾在京亲睹大屠杀之全部经过。

1946 年 6 月 8 日《太仓明报》第一版

溥仪小妾李玉英已在长春被逮捕

北平四日讯　报载：溥仪之十九岁小妾李玉英，已在长春被政府当局逮捕，苏军初开入东九省时，李与溥自长春逃往敦化，厥后溥仪被苏军所俘，李又返长春，最近曾向某报访员打探溥仪下落。

1946 年 6 月 6 日《太仓明报》第一版

邑人钱旭沧领导上海篮球明星队
于十月中旬远征美国
——为运动界之创举

提起钱旭沧先生，想来大家不致陌生，他是本邑牌楼市人，自大夏大学毕业后，一向在上海教育界执教，充国强中学的事务主任兼教员，对于球类运动非常热心，曾发明圆门球，及圆桌台球，风行一时。上海篮球委员会担任主席，今应美军当局之邀请，组织明星篮球队，赴美比赛，一切费用，悉由彼方负担，钱君为郑重计，赴京面谒教育部长朱家骅，即得批准，并命钱旭沧任该队领队，同时已咨请外交部核发出关护照，该队拟于十月中旬出国，先至加利福尼亚洲训练一月后，再至各大洲市比赛，旅美约六个月，至明年五月始能返国，至该队名单，将于最近期间发表。吾国篮球队被邀出国，尚属第一次，诚属运动界之创举。

1946 年 8 月 18 日《太仓明报》第一版

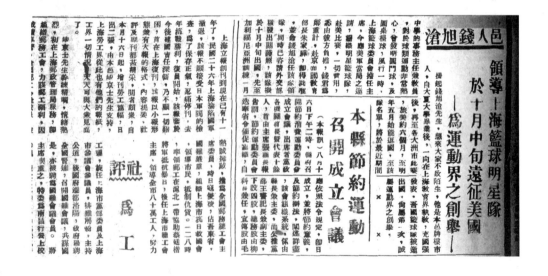

江南大血案近讯

　　上海讯　江南大血案各情，已迭见本邑各报，自沪军事法庭于六月二十七日，作第二次调查庭后，瞬将两月，近又告沉寂，想为读者所关怀，兹经记者探访该庭陆代庭长起，询以最近之发展，据云因尚在候常熟县立医院之复文，缘第一次邮递文件，因无法投送，退回。后乃投送常熟县政府，嘱托转递，但日久无复，现已又去公文催促，一俟复文到后，即提是案之大导演郑逆凤石，来沪公审。又讯苏高院亦向沪庭调阅敌宪米村之口供，现正在赶抄中。

1946 年 8 月 21 日《太仓明报》第一版

江南大血案定期在虞公审

　　本报讯　江南大血案，自经第一绥靖区上海军事法庭在常热发掘得被杀害之忠骸后，案情已有重大发展，现该庭定本月廿一日（星期一）上午九时假常熟地方法院公审，传询被害人家属及人证，据该庭李主任书记官表示，希当地人民尽量检举，并供给资料证据，俾得证实敌宪米村之罪行云。

1946 年 10 月 17 日《太仓明报》第二版

昨日起国内邮资照以前增加四倍

　　本报讯　国内邮资，自十一月二日起，照以前增加四倍，计平信一百元，平快信二百元，快信三百五十元，单挂号信二百五中元，双挂号信四百元，以上信件以二十公分为限，过重照加，印刷品及刊物（一百公分）三十元，新闻纸（经邮局登记核准）每五十公分十元，航空邮资除普通邮资外每十公分另加三十元，又悉本县邮局因加价通令迟到，故于二日午起照新邮资征收。

1946 年 11 月 3 日《太仓明报》第一版

江南大血案主角米村春喜判处死刑

　　本报讯　　江南大血案主角米村春喜，经沪军法庭数度侦讯，业于前日判决，其主文为"米村春喜违反战争法规，为有计划之谋杀，处死刑，纵容部属连续对于非军人施酷刑致死，并加以不人道之待遇，处死刑，应执行死刑"。至是案之导演人郑凰石，苏高院定后日（十日）审讯，或可判决结案，公道自在人心，各被难家属当可稍慰云。

1947年1月8日《太仓明报》第一版

锡沪全路交通今日开始通车

　　本报讯　锡沪汽车路，在抗战中，迭受破坏，故自胜利复业以来，仅以直塘为终点。近经该路公司惨澹经营，将全路路基桥梁，先后修建完竣，于今日起，全路通车，锡沪，常沪均有专车，本邑交通，当益臻便利，闻该公司为优待旅客起见，将车票价目，重口调整，锡至沪二万五千二百元，常至沪一万七千一百元，太至沪八千六百元，常至太八千五百元，太至直二千四百元，较前略事减低云。

1947 年 5 月 1 日《太仓明报》第二版

江南大血案之要角郑凤石判无期徒刑

    本报讯 苏高院刑三庭于卅一日判处江南大血案主角之一郑凤石无期徒刑。缘郑逆于战时原任太仓地下县长兼党部书记长，曾于卅二年四月八日自动赴京，向伪府自首，以图媚敌求荣，未遂所欲，翌年四月廿五日，因敲诈士商肃伦照，……被太仓敌宪拘解常熟敌宪队羁押，郑逆遂亲书破获苏南区间谍网全部计划一册，呈献米村春喜，以致造成空前之江南大屠杀案。是年七月九日，先后在上海、太仓、昆山、吴江、常熟、松江等地大事搜捕，株连者不知凡几，泰半均被杀害，胜利后经被害家属指控于苏高检处，经侦审属实，判处无期徒刑。

1947年6月2日《太仓明报》第二版

为国争光　邑人朱汝瑾博士获纽约研究奖金

本报讯　邑人朱竹年先生之公子汝瑾博士，此次在美国纽约荣获化学工程奖金，消息传来，全国振奋，为我国在国际化工界放一异彩，兹将沪报七日所载纽约通讯录志如下：

我国朱汝瑾博士与十一位美国著名教授，荣获纽约研究公司奖金一年。此项奖金之给予朱博士，由于渠既往若干年在科学研究方面的成就与卓越贡献，俾使获致更多经费的支持后，可继续其同一研究工作。

获奖教授中，有哈佛大学史笃克，麻省理工学院阿姆窦、亥俄华大学牛门，卡纳琪理工学院卞林，史丹福大学怀爱斯，毕资堡大学孟罗等。研究公司之来年奖金总额为三十六万五千，每人可得三万元强。

朱汝瑾现年二十八岁，江苏太仓人，少时就读省立太仓中学，一九三六年毕业于省立苏州中学。即考入清华大学，一九四〇年得理学士，清华毕业后，在母校化学系任助教。一九四三年赴美深造，入麻省理工学院，一九四六年二月得化学工程博士，同年九月，应华盛顿大学之聘，任化学工程副教授。

1948 年 7 月 9 日《太仓明报》第三版

尼赫鲁将访英会晤萧伯纳

联合社新德里四日电 官方发言人今日宣称：尼赫鲁总理定于五日飞赴伦敦，将与著名文豪萧伯纳会晤，但据伦敦联合记者向萧氏探询此事，渠答称："未有所闻，无可奉告。"

1948年10月7日《太仓明报》第一版

苏联可能退出联合国

合众社柏林廿七日电　消息灵通方面廿七日相信苏联将退出联合国，不致面临联合国对柏林问题之审判。

合众社巴黎廿七日电　联合国大会午后会议于廿七日巴黎时间三时一刻（上海时间下午十一时十五分）开始。

1948 年 9 月 29 日《太仓明报》第一版

公教人员加薪已成为泡影

　　本报南京廿七日专电　提高公教人员待遇案，前经立院会议交付小组审查后，实已无形搁置。顷悉：宪法规定立法院不得有增加，政院支出之决议，故此案已无从讨论，渲染一时之公教人员提高待遇案，至今确已成泡影矣。

1948 年 9 月 29 日《太仓明报》第一版

冯玉祥遭焚毙

合众社莫斯科五日讯　此间五日宣布：中国"基督将军"冯玉祥在"波比大"号邮船被焚致死。按"波比大"邮船在八月初自纽约启碇，被送撤召回国之苏联官员家属，八月卅一日，该船在勃吐米卸客后继续驶往敖德萨，途中以处理电影胶片不慎失火，冯玉祥及其女以及若干不知名之乘客被焚毙，该船则已于四日抵达敖德萨。

1948年9月7日《大仓明报》第一版

国际冷战苟不停止　美机仍将留英

伦敦四日讯　美国某负责人士今日称：西方各国与苏联间之冷战倘若继续不休美国将在英国保留大批超级轰炸机与其他飞机，外传美英成立协议规定美国空军在英国以十年为期之说，则非事实。美国空军驻英训练外，尚有两大作用。

1948 年 9 月 7 日《太仓明报》第一版

本邑新闻

筹办农民民教馆

璜泾通讯　在三十年度下半年度，教局在璜泾筹设民教馆，委冯超为筹备主任。兹悉最近省厅计划，有筹设农民民教馆之举，其组织分总务、园艺、康乐、妇孺四组。闻教局方面，拟即在璜泾举办，馆长一席，以冯超呼声为最高云。

1942 年 1 月 7 日《太仓新报》第二版

太璜轮船昨起通行

行驶璜泾太仓之同兴轮船，前因事改航旅客至感不便。获悉顷徇旅客之请，已于昨日起照常行驶。其时间仍为璜泾上午六时半开，太仓十二时半开回璜泾。

1942年1月7日《太仓新报》第二版

游匪張龍雲部下企圖搶刼
本縣南郊鎮
與我方激戰歷五十分鐘之久
結果被我方生擒三名格斃一名

特別管委員會昨舉行常會

補助費保管委員會昨下午二時假特區署舉行第一次常會，經決議各案如下：

醫生孫秉公作古

太璜輪船昨起通行

行駛璜涇太倉之同興輪船，前因事改航旅客之感不便。茲悉頃徇旅客之請，已於昨日起照常行駛。其時間仍為璜涇上午六時半開，太倉十二時半開回璜涇。

六浜七丫口海塘椿石工程危险，区公所电请派员履勘

　　浮桥通讯　第三区六浜七丫口北面海塘，椿石工程，势颇危险，陆区长急电特区公署，请即派员履勘。区署据报后，当即派员，赴区实地调查，准备兴修云。

1942年1月27日《太仓新报》第二版

六浜七丫口海塘
椿石工程危險
區公所電請派員履勘

　　浮橋通訊　第三區六浜七丫口北面海塘，椿石工程，勢頗危險，座區長急電特區公署，請即派員履勘。區署據報後，當即派員，赴區實地調查，準備興修云。

沙田局將組查丈隊
實施清查測丈工作

　　第一區清鄉地區沙田局，辦理沙田登記等手續，其情迭誌本報，茲悉登記期限，即將屆滿，各縣業戶，不願逾限受罰，日來均已踴躍遵章辦理。惟該局為厘清界限，確定畝分，解除糾紛，保障產權，以及杜免隱漏，矯正積弊起見於登記等手續確切辦理，先從常熟草灘地區著手預計兩月餘，即可竣事，次及太倉江陰等沙田地區，誠為清理沙田之又一好消息也。

上海居不易，旅外邑人纷纷回里

上海自食粮发生恐慌后，一般人均感受威胁，除必要者外咸动归乡之念。自"一二八"后，旅外邑人之回里者，虽漫无统计，无法获得正确之数字，但就所知男女同乡回乡者，数已不尠此亦本县好现象。我人甚盼旅沪之同乡，除万不得已外，应尽力回乡居住，并为桑梓服务。盖新太仓之建设，固有赖于全太仓人之努力者也。

1942年2月6日《太仓新报》第二版

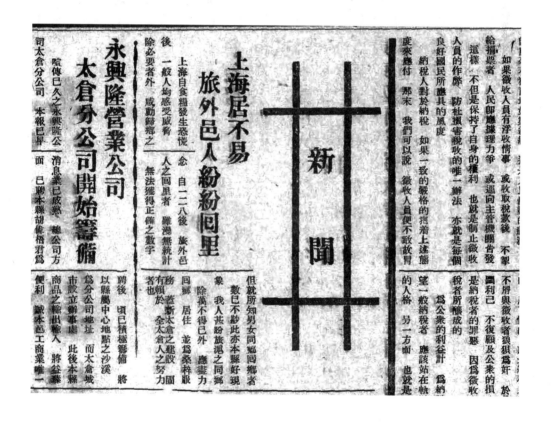

农历迫近年关，商人纷叹收账难

农历年关，转瞬已届，商人已循例收账，俾资结束。但据称今岁情况，殊非昔比，不独街账滞呆，迄今犹不满一成至二成，即乡账，亦仅二、三成之数。其原因，因今岁农作物歉收，而尤以北乡之植棉者为尤甚，故日来商人莫不嗟叹账目之难收云。

1942 年 2 月 6 日《太仓新报》第二版

冶坊缺铁停工，农具发生问题

南郊外之王姓冶坊，系本县唯一之冶坊，其出品以农具为大宗，如犁头铁耜之类，故本县农具大部份均仰赖于此。兹悉该冶坊之存货已罄，而废铁来源缺乏，运输困难，故不得已而暂行停工。唯鉴于农具势将发生问题，故一方面已在努力设法，冀早日复工以应需要云。

1942 年 3 月 8 日《太仓新报》第二版

邑绅唐蔚芝先生重宴鹿鸣预志

今年为邑绅唐蔚芝先生重宴鹿鸣之期，乃我邑数百年希有事也。县长沈靖华暨邑绅钱诵三、蒋育仁等十余人，特发起悬匾志庆。约在旧历月杪举行，正在积极筹备中。据闻唐蔚芝先先生届时返太后拟寄宿于太仓中学，次晨以舆轿鼓吹迎至圣庙旁，步行谒圣，受悬匾贺，就鹿鸣宴。各官长、各团体代表以次捧觞致敬。宴毕返太中，午后，在校讲学，各校师生及各界人士等均得前往听讲，想届时必有一番盛况也。

1942 年 4 月 15 日《太仓新报》第一版

唐蔚芝提倡俭约　回里时屏绝酬应

邑绅唐蔚芝先生，于最近将回里，受重宴鹿鸣之贺一节，已志本报。兹悉唐先生于日前致书家中，其中言及此次回里，除恭行典礼暨略事讲学外，对所有酬应，祈善为我□，即族中欢宴，值此物力维艰，以遵照余行之已久之俭德菲食约办理。老成举动，堪为一般模范云。

1942 年 4 月 23 日《太仓新报》第一版

王尚书古墓受殃

后裔求请保护，县府饬属制止

古尚书王凤洲麟洲之墓，在县属之方桥，亦为我邑名迹之一。兹悉该古墓，迩来时被附近之不肖任意侵伐，致剥削益甚。其后裔王俊群怒然忧之，经于日前具呈县府政府请求保护，县府准词后，现已令饬浮桥警察署就近制止，并出示保护云。

1942 年 6 月 22 日《太仓新报》第一版

本县土产（肉松、棉花、糟油）准备送省展览

　　清乡初周纪念展览会，将于七月一日起盛大举行。本县县府除将有关清乡之各项文献，分别撰制□期呈省参加外，关于土产方面，现已征集得肉松、棉花、糟油等各项著名土仪之样品，定日内即送省陈列云。

1942 年 6 月 29 日《太仓新报》第一版

迩来雨量稀少　秋收或将减色

入夏以来，本县境内，以雨量稀少，就棉花而论，自沙溪以北一带沙土久旱，既板且硬，所植棉花，不易生长，依时令应早见黄花，而目下其苗极矮如再不见雨，估计今秋收成或将减色也沙溪西南一带，以接近稻区今秋棉收，就目下转较花区有希望。黄豆亦因旱受损，稻作方面，以久旱之故，农民之困苦及损失，亦较去年为甚云。

1942 年 7 月 25 日《太仓新报》第一版

城区民教馆举办之夏令施诊所近讯

城区民教馆筹办之夏令施诊所，业已筹备就绪，所有特约医师，亦已分别请定，为盛舜台先生、周润民先生、陆揖三先生、郑亦庵先生、陆宝森先生、沈佩苍先生等中西名医六位，并定于七月十日起开始施诊。其办法列后，希病家注意。

夏令施诊所暂行办法：

一、本施诊所由城区民教馆负责办经。

二、本施诊所医生由城区民教馆特约。

三、本施诊所免费施诊，如病家确系贫苦无力购药时，兼可代付药资之半数。

四、病家声请就医须经调查，确系贫苦者由馆出施诊券一纸。

五、病家凭施诊券到各指定医生处就诊概不收费，出诊不在此限。

六、本施诊所施诊期间暂定为一个月。

1942 年 7 月 5 日《太仓新报》第四版

县政府修理万年桥

本邑毛市乡万年桥年久失修，势将倾圮，经第六区呈报，县府即派建设科工程员谢钦唐前往察勘，确将倒塌，现今正在赶拟计划，不日筹备兴工云。

1942 年 9 月 19 日《太仓新报》第二版

古迹凋零关庙屋宇倾圮　希邑人士修葺保存

本城关圣庙在隆福寺西，年久失修，今岁六月初神龛上之横梁倾圮。当由主持关庙者函请第一区长设法修理，估计修理费需三千元，旋因无款而止。入秋以来，经数次大风雨后，倾圮更甚矣。

1942年9月16日《太仓新报》第二版

絡繹不絕、一般迷信之流、則認爲僵屍、據該區宣傳股推測、乃因地氣潮溼、觸電所致、聞該屍體已焚化云。

——彬——

▲協豐官鹽子店

配給食鹽

▼每斤一元二角二分

協豐官鹽子店、係萬炳山所創辦、於本月一日起、配給食鹽、每斤價一元二角二分、現已成立者、一城四廟分、現已成立者、一城四廟分、外、雙鳳、直塘、沙溪岳王市等鄉鎮、惟劉河、浮橋、璜涇、等處、因私鹽充斥、進行稍覺困難、所以尙未成立配給處、（丙）

△……蹟……凋……零……▽

關廟屋宇傾圮

▼……希邑人士修葺保存……△

本城關聖廟在隆福寺西、年久失修、今歲六月初、神龕上之橫樑傾圮、當由主持關廟者、函請第一區長設法修理、估計修理費需三千元、旋因無款而止、入秋以來、經數次大

浙傳主席因公

順道巡視

（本報嘉興通訊）浙省主席傅式說氏公赴滬、順道來禾、本邑各界體學生警察友邦長官等、均游聲大作、傅氏賞與歡迎人員點於音樂聲中乘原車赴滬、

音樂巡迴

（本報嘉興通訊）一期清鄉一專員公署、以值此第一期清鄉期間、又逢浙省開始二期清鄉之際、茲計劃利用音樂進行二期

▽十五至廿七日

城厢七校请发教育经费

本邑教育局自张乐生长局以来已逾二月，对于各校馆七月份经费犹未发放，以致教职员嗷嗷待哺。城厢七校不得已先行环请局方发放七月份及二、三月份之补助费，结果无办法，七校校长遂谒沈县长报告生活苦况。经县长劝导一番谓需以教育为重毋遽旷废学业至经费方面本人当尽力筹借，俾得早日发放，七校聆训毕遂各返校。

1942 年 9 月 13 日《太仓新报》第二版

城厢七校請發教育經費

本邑教育局自、張樂生長局以來、巳逾二月、對於各校館七月份經費、猶未發放、以致教職員嗷嗷待哺、城廂七校、不得巳先行環請局方發放七月份及二三月份之補助費、結果無辦法、七校校長遂謁沈縣長報告生活苦況、經縣長勸導一番謂須以教育爲重毋遽曠廢學業至經費方面、本人當盡力籌借、俾得早日發放、七校聆訓畢、遂各返校。

體育家溘然長逝

南郊鎮曾景滌、現住小北狱監頭河、年卅二歲、畢業於中山體專、曾任省立太倉中學敎員、自今歲起、在湖川橋經營米糧業、頗能獲利、詎知夏末秋初、病魔纏繞、延至本月七日、溘然長逝、誠本邑體育界之不幸消息云。丙

沙溪镇发现急性时疫　当局亟谋防范

沙溪通讯　本镇西巷门一带于七日起发现时疫，二日之间有数人不治身死，一般居民颇为惶恐。当局闻讯后立即派出卫生人员在全镇要路口，施行强迫注射防疫药针，一面加派警士、增设临时岗位检查行人，不使稍有遗漏，以冀一鼓扑灭云。

1942 年 9 月 11 日《太仓新报》第二版

东郊育婴堂近状

太仓城区育婴堂原有东、南、北三处，二十六年兵燹时，南堂被无赖拆卸，北堂毁之于火，仅存东堂一处。劫后由黄故知争颂声嘱救济院长金叔琴恢复，并由寓沪邑绅唐蔚芝撰兴复育婴堂记附对联一副，联云：可怜无父母，谓他人父，谓他人母；勿忧少子孙，是皆吾子，是皆吾孙。现时东堂近状，经费全恃田租，约八百余亩，婴孩百余名，大部均寄养于外，有病者留养堂内。设司事一人负责管理，雇用乳妇二名，保姆二名，大部吃乳粉，目前乳粉来源困难，正在设法疏通，领育婴孩每月分朔望二期云。

1942 年 10 月 1 日《太仓新报》第二版

城区民教馆发起第一届集团结婚

　　本县在事变后，集团结婚之制，久已无形废止。值兹物价腾贵生活程度日高之际，是项集团结婚既省经济，又可减少无谓礼节，实有提倡恢复之必要。顷由城区民教馆发起第一届集团结婚，预定于明年元旦日举行，地点尚末确定。兹将该馆所发出之集团结婚征启全文附刊于后（后略）。

1942年10月3日《太仓新报》第二版

修理里道桥梁

毛市通讯　本邑旧太沙里道之毛市镇北一里许，有万缘桥一座，为太城与沙溪间往来之要道，原系石建，因年久失修，桥块坍塌，行人咸感不便，兹由双林乡乡长顾履成及地方绅士顾隽雄等发起修理，唯以工程浩大，更且年岁荒歉，筹款万分困难，闻已商得邑人姜仲泉、朱峙崐两先生之赞助，允为慨助若干，现正在招工估计着手进行云。

1942 年 10 月 7 日《太仓新报》第二版

西新乡农民重修贤圣堂

　　西新乡有贤圣堂，在东新桥之南首，亦庙宇之一，堂中供张巡神象，香火极盛，农民咸崇拜之。张巡系唐朝开元时南阳人，以进士官真源令，适安禄山反，与许远合兵守睢阳，拜御史中丞，累战皆克，后因食尽，杀爱妾以飨士兵，及城陷，为贼所杀。后人因其人格造乎至极之地，故称贤圣，建庙宇，塑神像以留纪念。兵灾后该堂破坏不堪，兹经西新乡农民集资三千金雇工兴修，不日即可恢复旧观……

1942 年 10 月 8 日《太仓新报》第二版

三图镇米商被扣

毛市通讯 离城东北三里许之三图镇，本系桥头巷口，人烟稀少，商店廖落，唯水陆交通均甚便利，自新米上市以来，一般米蠹投机成性，咸相率于该镇设立米铺多处，因此远方来此贩运者络绎不绝，营业颇为发达。不料于七日晚间，被某方面机关来镇侦悉，将该米铺等逐一搜查后，并将某铺主胡介甫及米贩多人，一并扣留，带城讯问矣。

1942 年 10 月 13 日《太仓新报》第二版

九曲霍乱续有发现

浮桥通讯　本区自入秋以来气候渐凉，唯民众患有霍乱者仍属颇多，本镇业已发现，业志本报，迩来本镇疫病已见稍戢。而第三区属九曲乡之东北一带相继蔓延甚烈，计有染疫身亡者每日二、三名，情势殊为可怕。闻经当地乡保长报告当局，会拟急救办法并积极设法扑灭云。

1942 年 10 月 16《太仓新报》第二版

毛市时疫复萌　乡愚迷信不知疗治

毛市通讯　离城三四里许之毛家巷，在最近期间，又发生时疫，症象属于吐泻，危险异常，数日内居民死亡者多口，现尚未痊者十余人，而病家均不知时疫传染之利害，且不想法疗治，反请附近巫师到家看鬼，任凭愚弄。借端敛索，并延道士念经讲解，非此被患者不可救治。结果耗费钱财，家破人亡，如此迷信贻误不浅，深望当局注意及之。

1942 年 10 月 25 日《太仓新报》第二版

致和塘南驳岸工程　由县招商承包

查城区致和塘为本市唯一干河，北通盐铁、西接刘河，交通称便，近以塘身日就淤塞，爰由县府计划疏浚，并先行修理致和塘南河沿局部驳岸工程（税务坊至陆家桥段）业经县府招商蒋云记承包办理、计估价一千一百二十二元。是项工程约于本月下旬开始施工。

1942 年 11 月 25 日《太仓新报》第二版

西郊截获大批米贩

本年新谷登场后，四郊米贩极为活跃，有几处米贩之行列竟有终日络绎不绝者，就本城西郊外而论，初起仅有莠民三、四人从事私贩营业，后以彼辈获利丰厚之故，一般无知乡愚竞相效尤。训至今日总计该地私贩已增至五六十人之多，彼等走私之路线及偷运之方法与时间均颇技巧，因此过去极少败露。近日因本县军政当局加紧缉私之结果，此辈猾狡奸民终于大批落网。前日上午在锡沪公路上被捕之米贩一批共有十余人之多，幸该处部队怜彼等乡愚无知，除米粮没收外均从宽释开，未予严惩。

1942 年 11 月 3 日《太仓新报》第二版

合作社配给烟草　收回锡纸及空壳

　　本邑合作支社近接华中烟草配给组合函知，各支社自即日起于配给社员烟草时应将其锡纸及空壳收回等由，社方业已转函各办事处查照办理。兹将合作支社函致各办事处原文照录如下，"案奉清乡地区合作社总字第三五四号通知，以准华中烟草配给组合函开，各支社自即日起于配给社员烟草时，应将其锡纸及空壳收回等由，转行遵办等因。奉此，除分函外，相应函请查照。自即日起，于配给社员烟草时，务将前项锡纸空壳一并妥为收缴交社，以便汇转，勿稍遗漏为要"。

1943 年 8 月 1 日《太仓日报》第二版

育华中学定期招生

浮桥通讯　本镇育华私立中学创办以来历有年数，莘莘学子咸称便利，而经费方面经陆区长及各校董热心赞助，内部又经各教职员努力服务，校务日见发达。兹悉该校定于八月中旬招考新生及各级插班生云。

1943 年 8 月 1 日《太仓日报》第二版

县府召开祀孔会议　决定各项重要事宜

　　本月廿四日下午三时，本县县政府召开祀孔筹备会议，到各机关代表二十余人，（行礼如仪）首由主席唐县长（汪秘书代）报告，旋即开始讨论。兹将决议事项照录如下：（一）祭祀执事人员请予确定案（决议）引赞吴养公大成殿执事陆裔虞、徐曙春、历代圣贤祠执事周棣华、陆翼谋。（二）确定礼节及服装时间案（决议），依照春祭典礼秩序办理，服装蓝袍玄褂及国民装，时间上午九时正。（三）文庙除草打扫等工作，应否指定人员负责指导案（决议）由教育局负责办理，并由各机关撰拟祀孔文稿，发交太仓日报特刊披露。（四）泮池石栏杆有一部份倒入池中，应否刻日雇工修复案（决议），照预算通过，撙节开支。（五）祀孔经费来源请予决定案。（六）祀孔经费预算请予确定案（合并议决）照原预算通过，其经费来源由赋税管理处所管学产下祭洒扫田产项下支拨如有不敷，再行核实追加……

1943 年 9 月 26 日《太仓日报》第二版

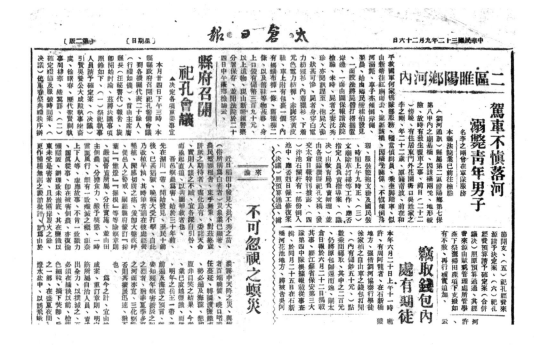

提倡正当娱乐　组平剧研究社

本邑有一部分人士，为提倡民众正当娱乐起见，发起组织平剧研究社，刻正着手征求会员，有志加入者可于即日起到城区民教馆太仓俱乐部报名。兹志发起人姓名如下：古柏、郑侠村、蔡中、徐建人、宋廷碧、陆佐衡、汪祖同、宋文治、蒋豪声、童伯威。

1943 年 12 月 20 日《太仓日报》第二版

木柴炉装置将竣　下月可恢复输电

　　电气事业对于地方治安、繁容市面有相当密切关系，若不思恢复，影响非浅。记者特访该厂负责人，据谈：本厂前因柴油断绝，一时无从筹措，后经商确于二月廿七日招商常州大可木气发动机制造厂订立合同，添装木柴瓦斯发生炉，限期装竣。该项发生炉现正积极装置中，各种零件亦一一齐备，约下月上旬即可恢复输电云云。

1943 年 3 月 29 日《太仓日报》第二版

本县定期举办春季运动大会

本县定于本月十六日举办第三届春季运动大会，闻青少年团即于是日举行全县青少年团第二次总检阅。并闻参加受检者计有省立第五中学，娄东中学及西郊镇小学、弇西镇小学、弇中镇小学等。届时本县公共体育场畔当有一番热烈之景象，而青少年们势必充分表现其蓬勃之朝气兴勇猛精进刻苦耐劳之精神云。

1944 年 4 月 10 日《太仓公报》第二版

双凤农教馆举行风筝比赛

双凤讯　本镇农民教育馆为实施休闲教育。提倡正当娱乐起见，于本月十六日下午三时在第六中心小学操场举行风筝比赛，由区党部主任委员、中心小学校长担任评判，当时参加比赛者有三十余人，观众异常拥挤颇极一时之感。比赛结查：儿童组第一名周振炜，第二名张树荣，第三名王文元；民众组第一名周铁英，第二名沈珩，定于翌日上午分别给奖云。

1944 年 3 月 19 日《太仓公报》第二版

邑农改区奉令恢复县农场

　　本县农业改进区奉令恢复县农场，以供地方性品种之试验。唯本县原设农场系在西门外旧仓基，事变时乏人经营，以致遍地荒芜，所有房屋亦遭摧毁，旋由华中棉产改进会租赁，修葺房屋、整理场地、种植棉花，以供试验与本县棉作改进，裨益匪浅故农改区势必不能以该场立即恢复为县农场，现就前县农场在小校场辟为桑圃之场地，先行接收竣事，前经该区派员实测平面图，现正计划经营方针从事试验，闻其试验种类为棉作、黄麻，甘薯、大豆等数种，以确立优良品种之选定，将来推广于农民，务期达到改进之目的云。

1944 年 4 月 1 日《太仓新报》第二版

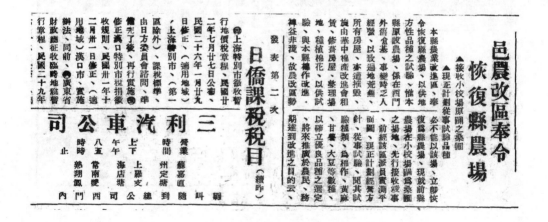

昆太路修铺完竣

本报讯　本邑至昆山之昆太公路为太仓进出京沪两市最要道路，关于昆太路太仓段，以事变后直到现在，未曾修过，所有路面高低不平，甚有成为水坑，行驶车辆稍一不慎即有覆车之虞，县政府有鉴于此，遂饬建设科于上月中雇匠兴修，昨日业已完全修复。闻县府特派技士王定前往实地查看工程云。

1944 年 10 月 9 日《太仓公报》第二版

振泰工人罢工要求增加待遇

本邑北郊振泰工业社（即小型纺织机厂）系邑人朱维中等合股开设，内部工人五六十名。自该社开业后，工作努力，相安无事。兹悉最近有一部分工人以社方待遇不公于前（十三）日相约罢工，要求增加工资云。

1944 年 10 月 15 日《太仓公报》第二版

县府续修刘太路桥梁

本报讯　本邑县政府对于公路桥梁素极重视，前以刘太公路二十七号桥及□塘桥、桥脚腐烂业于上月下旬修理完好。遂以刘太路三十三号、三十四号、三十六号桥梁均告损坏，现经县府于明日（二十四日）起雇工修理，在修理期中所有行驶车辆一律不得通行，一俟修竣再行恢复交通云。

1944 年 10 月 23 日《太仓公报》第二版

集资修理白衣殿弄

　　沙溪通讯　印西镇白衣殿弄本系北乡农民出入要道，该弄街道石块因年久失修，故高低不平，天晴则可，如遇雨雪往返裹足。且有一般不肖之徒随地便溺、任意倾倒垃圾，倘遇夏季天气，苍蝇四起臭不可当，实属妨害公众卫生。地方人士有鉴于此乃集资兴修，业于前日起将该弄所有旧石块全数拆除。俟修理完工后希望本镇警察署随时派警监察、督导民众切实注意卫生云。

1944 年 12 月 6 日《太仓公报》第二版

八里桥遭汽船撞毁　县府派员实地勘察

本邑县政府近据第一区署呈称：县属小北乡七保十一甲间有八里桥一座，横跨吴塘，为湖川至城区必经要道，于本月三日下午五时许有大汽船一艘、拖船数只，由南往北驶行其间，竟将该桥撞坏，桥面坠入河中，该船肇祸后即向南逃去，请鉴核等情，县府据报后即于前三日指派建设科技士谢钦唐实地勘察，当经勘得该桥损坏程度已达极点，正在设计兴修中云。

1944 年 12 月 6 日《太仓公报》第二版

商船搁浅财货一空 全部船员生死不明

本报三区讯 本邑第三区新塘口南岸澝漕乡之海滩，突于本月十八日黎明发现三桅宁波式大帆船一艘搁于海滩，船身殊巨，阒无一人。事被该管茜泾警察所获悉派警查勘，该船似不谙水道致遭搁浅，船舱甲板均已砍坏，似遭乘危劫夺，据乡人传说：该船所载系大批纸货以及食米油糖布匹等类。唯该船搁浅之处离岸甚近，江水甚浅涉足可渡，船员似不致溺毙漂失，全部船员至今生死不明，虑遭杀害。据闻该处一带在廿九年以前凶悍业著，类此举动不以为奇。当局鉴于事属离奇，正在研究情加紧缉捕云。

1945 年 6 月 2 日《太仓公报》第二版

苏北难民来璜求给

　　璜泾通讯　前晨七时许，突有难民十余人来璜，迳往第四区署内要求给养，当由区署派员率领至各商号化募，约得三千余元，闻该批难民系苏北东台盐城籍，据到璜之数难民头云：一行共有四五百人，当晚住四区归庄镇，翌日即赴常县求给云。

1945 年 1 月 8 日《太仓公报》第二版

县府饬修双凤太平桥

本报讯　本邑县政府对于交通素极重视，遇有公路桥梁损坏当即设法修理，兹据报双凤镇太平桥年久失修，危险日甚，县府据报后，以该桥年久失修似应设法修理，以利行人，兹闻县府以该镇米商张培元经营米业指置有失检之处，特着该商补助修建该桥费用十万元，业已如数呈缴，县府昨特令发第六区查收，迅即雇工兴修，倘有不敷则由该区长召集当地绅商开会筹措云云。

1945 年 2 月 9 日《太仓公报》第二版

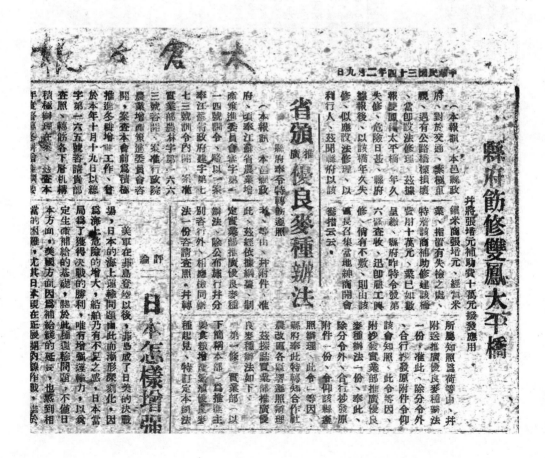

教局今起发放十一、十二月份俸米

本报讯　本邑教育局所领三十三年十一、十二两月份教育人员俸米，业经该局派员碾轧就绪，闻于今日起散发，即由局通饬所属到局具领云云。

1945 年 3 月 3 日《太仓公报》第二版

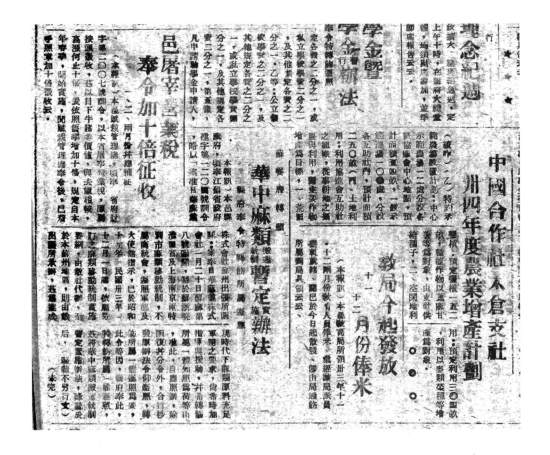

璜泾镇发现赌骗　赌徒起哄卒以偿还输款了事

　　璜泾讯　前日晨有自三区时思镇来璜之陆国栋偕随从绰号起饭根者二人怀藏骰子六粒，假本镇东市小茶馆内集合赌友数人作掷骰子（又名老鸦）赌博，起饭根手术高明屡掷屡胜，顷刻间多赌友均囊空如洗，中有冯奎者竟输去二十余万元之巨。赌输后莫明所以顿生疑窦，冯奎即将骰子捞住劈开两旁，见内有铅一小块。据说知其性质者即掷时只需放松，可见大点子，否则只有么、二之类，后经众人将该陆国栋及起饭根二人按住，欲饱以老拳，后经人调解偿还输款了事云。

1945 年 6 月 5 日《太仓公报》第二版

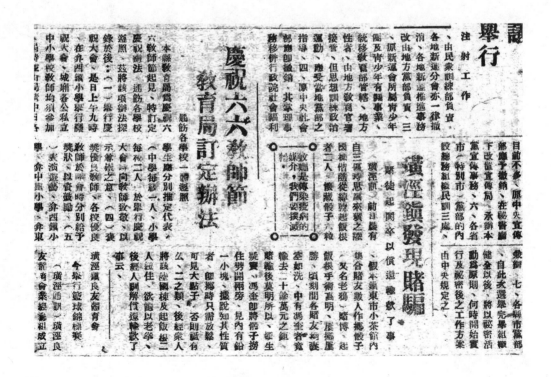

县府布告严禁任意捕杀青蛙

本报讯　本邑县政府对于农业产增素极重规，保护青蛙尤为注意，顷奉省令内开："查青蛙捕食害虫，裨益农田作物，是以捕杀青蛙向干禁例，值兹禾苗初莳青蛙发育之际，一般无知乡民往往无知牟利，时加捕杀，影响农业增产实非浅鲜，本府为防微杜渐起见，曾亟令仰该县长遵照。并转饬所属对于捕杀青蛙应即严加取缔，以资保护而利农业为要，此令。"等因，县府奉此特布告严禁，嗣后如有发现任意捕杀青蛙者，定予拘惩不贷云。

1945 年 6 月 25《太仓公报》第二版

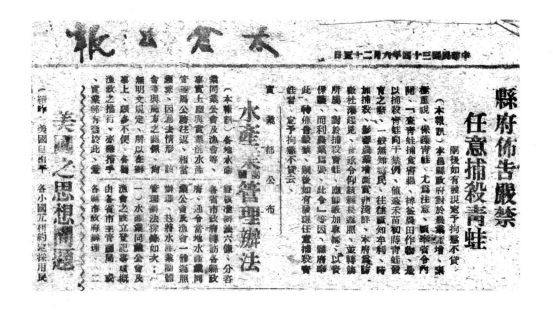

永益油厂停业实行清查账目

双凤讯　本镇永益油厂于上年八月间开办，系合股组织，经理王清霞无锡人，由友人张克仁介绍兴申号总经理陶友祥而来者。该厂自开办迄今，仅及十月，前日忽然停止营业。陶总经理闻讯后，由申来双召开股东会议，并实行清查账目，经察出王有舞弊情事，竟至亏空六千万元之巨，实属骇人听闻。王情急匿不见面，陶意欲依法诉追，现由无锡同人王某等担保一星期内，由伊等通知王清霞出面料理云。

1945 年 6 月 21 日《太仓公报》第一版

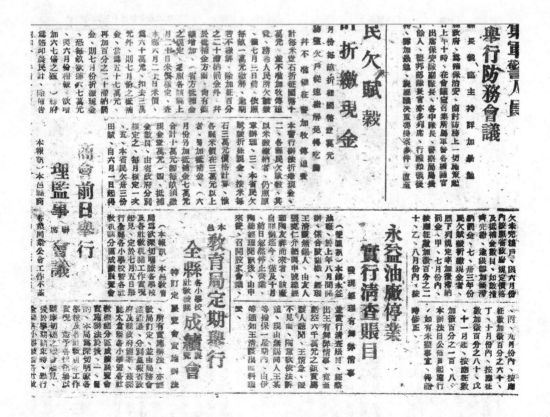

民众车马行驶应一律改靠右走

本报讯　县府日前奉江苏省政府江南行署申真锺镇四代电略开……以我国车辆多由美国输入，其方向盘及灯光之安置均系依照美国交通规则靠右行驶设计。兹为节省改装减少肇事起见，着自本年十一月一日起一律改为靠右行走，仰即广为宣传，警察指挥得先训练，民众车辆之行驶自应遵办等因，县府奉令后，特于昨日转饬各区公所遵照云。

1945 年 10 月 6 日《太报》第一版

毛市赌风仍炽

毛市讯　在近三四年之黑暗期中，毛市赌风最为炽烈，一般地痞游民往往巧立名目，假借庆寿或追荐祖先为名，聚赌敛财以致邻近一带乡民之倾家荡产者时有所闻，刻河山光复，而该镇赌风仍未稍戢，各种方式齐备，数量亦复惊人，如麻雀则以一千元底为最普通，方角牌九每注下金动辄伪币十万百万，往往集众千百人，通宵达旦不足为奇，似此不特伤财废业，抑且易于引起匪类觊觎，对于治安不无影响云。

1945 年 10 月 17 日《太报》第二版

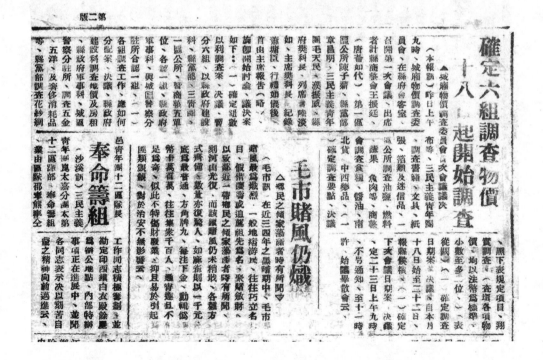

双凤发现急性时疫　当局正设法预防中

双凤讯　本镇日来曾有急性时疫发现，十九日自卫大队受训壮丁凌洪祺等数名不幸亦受传染。黄兼队长及张队附除延医诊治外，复派员驰赴沙溪拟採办注射剂以资预防，唯以店肆缺货未曾购得。黄区长闻讯后焦急万分，诚恐流行不已，业经呈报县府请示预防方法，以免蔓延云。

1945 年 10 月 22 日《太报》第三版

美航空人员一人在浏河上空降落

本报讯 前（廿四日）下午三时许，浏河上空有盟国大型飞机一架驶过，忽有美国航空员一人用降落伞下降，在镇南三里许石桥相近安全着陆。观众人山人海，嗣由乡民陪同至刘河，即乘中兴公司汽车前往大场机场云。

1945 年 10 月 27 日《太报》第三版

十七人家属赴常　探问遭难人下落

　　本报讯　自民国三十二年七月八日起，日本宪兵队在上海、无锡、苏州、常熟、江阴、吴江、昆山、太仓等各县施行恐怖性质之大检举，各县前后被捕者共二百数十人，但至本年度五月份截止除太仓七月八日被捕中之十七人及少数因故死亡者外（吴雨巷、胡家栋、闻星五、叶振飞四人业已亡故），各地所有被捕者均已恢复自由。本县未释放者十七人之家属自本年五月下旬起，分头向南京、苏州、常熟等处询问下落，结果一无眉目。日本无条件投降后，不问中外人士、被拘敌方者均已开释，而唯吾太仓十七人之消息仍如石沉大海。一星期前，十七人之家属又推出代表汪景云等六人再往常熟会晤米村队长，诘问十七人之生死存亡。当时米村队长虽态度已略较谦逊，但对十七人之下落除满口抱歉外一无肯定之答复，谈判之结果允诺于三天之内查明十七人之究竟后答复。本县未回家十七人之姓名为钱新一、戴家祥、汪学良、王兆颐、魏光照、郑漱石、胡正清、金荐扬、金仰山、沈鹤寿、王宝良、杨云天、许荣让、陆啸云、陈天民、顾息兮、徐仁达，内钱新一君为国民党之老同志，曾历任国民党本县党部常务委员，汪学良、魏光照、戴家祥、王兆颐四人为本县三民主义青年团老同志，苏州分团时代即参加工作，民国卅一年七月后魏光照、戴家样二君且为太仓分团李分团长指定参加敌伪内线工作者。

1945 年 9 月 6 日《太报》第三版

縣府令首次舉行　黨政軍警聯席會議

（本報訊）本縣政府於今日上午九時、假座惠泉醫院張指揮部、舉行復員以來第一次黨政軍警聯席會議、會議詳情容探明續誌、

十七八家屬赴常　探問遭難人下落

以未悉要領正由各方設法籌款中

（本報訊）自民國三十二年七月八日起、本縣兵隊、在上海、無錫、蘇州、常熟、江陰、吳江、崑山、太倉等各縣、施行恐怖性質之大檢舉、各縣就被捕之十七人及少數因故死亡者外、（吳雨蒼、胡家棟、閩星五、葉振飛四人業已亡故）各地所有被捕者、均已恢復自由、自本年五月下旬起、分頭向南京、蘇州、常熟等處、詢問下落、結果一無眉目、日中外人士、被拘歐後、均已開釋、而惟吾本倉十七人之消息、仍如石沉大海、一星期前、

本年度五月份起至止、本倉七月八日被捕之十七人之家屬、又推出代表汪景雲等六人、再往常熟、會晤米村隊長、詰問十七人之生死存亡、當時米村隊長雖、態度已略較謙遜、但對十七人之下落、除滿口抱歉外、一無肯定之答復、談判之結果、尤諸於三天之內、查明十七人之究竟後容答、本縣未回家十七人之姓氏、錢新一、戴家祥、汪學良、王兆頤、魏光照、金荐揚、王寶良、金仰山、沈鶴壽、榮讓、碰嘯雲、楊雲天、許顧息分、徐仁達、內錢新一君、為國民黨之老同志、會膺任國民黨本縣縣黨部常務委員、汪學良、魏光照、戴家辟、王兆頤四人、為本三民主義青年團老同志、蘇州分團時代、即參加工作、民國卅一年七月後、奉光照戴家祥

二君、且為太倉分團李分團長指定參加敵偽內工作者、均遭拒絕、被難家屬及太倉旅滬同鄉會探詢、均遭拒絕、被難以寬慰文請束沈鄉平、先後備得款、並將敲隊長、法營敕、並將敲隊、汪學良、核心一室嘯雲、沈鶴鶴等十七人、於民國三十二年七月深夜、突被日本常熟憲兵隊長米村希圖以政治犯名義牽屬捕去、送經尤轉達縣座而散、並邑人許榮讓（又訊）邑人許榮讓一室

縣府令委軍事科長　暫兼警察局局長

（本報訊）本縣縣政府於前（五）日令委軍事科馬冀北暫行代理本縣警察局局長、並飭忠救軍先遣總隊第三支隊吳支隊長查照云、

太倉縣政府佈告　明民字第二號

查我太倉淪陷、於茲八載、生靈塗炭、有史以來、未有如此慘痛、端賴

我最高領袖

蔣委員長、領導抗戰、堅苦卓絕、山河復舊、天日重見、卒獲最後勝利、政本縣長迭奉

省電令、準備復員工作、對於本境日軍未行全部撤去、致尚未納入正軌時期、望我民眾、平心靜氣、各安生業、幸勿輕信流言、自貽伊戚、如查有造謠生事糟端敲詐者、定予依法嚴辦、決不寬容、為此佈告仰爾邑民眾、一體周知、毋違切切！

此佈

中華民國三十四年九月一日

縣長　沈元明

駐太聯絡辦事處佈告　勤佈字第元號

江蘇省保安第六縱隊司令部

案奉

司令官孫電令開：

「茲派魏鴻勳為本部駐太聯絡辦事處主任」等因奉此魏鴻勳遵於八月三十一日於西門外大街六十一號辦事處就職視事除呈報暨分外函令外合佈告周知此佈

主任　魏鴻勳

中華民國三十四年九月　日

沙太快班船記

衡

上午七時　太倉開　毛市開　沙溪到

下午一時　沙溪開　毛市開　太倉到

停泊　太倉　沙溪　虎丘　中龍　市橋

璜泾青年出版刊物

璜泾讯　本区有为青年沈纪述、叶翘等鉴于过去敌伪时一般奸逆轧为虎作伥、横行无忌，被蹂躏者往往敢怒而不敢言。值此抗战胜利天日重光，实有揭发奸逆罪恶之必要，故将出版《骊山民呼》之油印星期周刊，专事揭发过去敌伪时所受疾苦隐痛、罪恶劣迹。并闻该刊物为非卖品，宗旨纯正，并无其他色彩云。

1945 年 10 月 30 日《太报》第一版

邑人顾仲超等筹组新太仓社（续昨）
《新太仓社简章草案》

一、定名：本社定名为新太仓社。

二、宗旨：本社以砥砺气节，发扬正义，拥护民主、提倡科学、借以唤醒太仓民众改进太仓社会为宗旨。

（注：以下分社员、组织、会议、义务、权利、社费、社址、附则等各章，共十则。此略。社址设在上海爱文义路六五三号国强中学内，并于本县及各地酌设通讯处。）

1945 年 11 月 6 日《太报》第三版

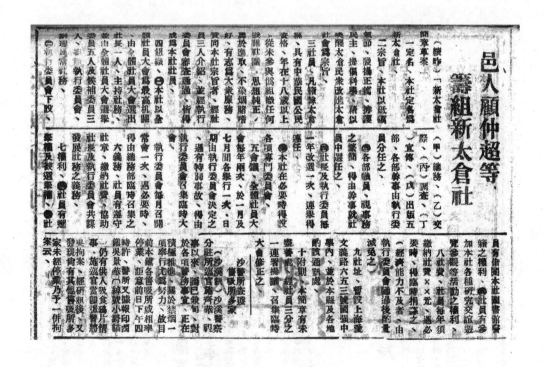

城中三镇划定界址

本报讯 本县第一区公所奉县府令饬恢复乡镇界址,先将城中三镇合并重编,各情业志本报。兹悉一区公所,遵经饬知城中弇东、弇中、弇西三镇合并为二十一保,由三镇人士商讨决定界址呈县核夺,兹将划定三镇界址探兹于后:一、弇东镇与弇中镇,北路以小北门路为界,中路以南牌坊为界,南路以痘司堂街、痘司庙对弄为界。二、弇中镇与弇西镇,南城门起至大桥为界,西至小城隍庙隔壁道路为界。

1945 年 11 月 26 日《太报》第三版

朱树人氏今日莅太

本报讯 青年领导朱树人氏于本月十五日遄返沙溪故里省口，并曾赴双凤、毛市等处访问友好，备受各地热烈欢迎，详情迭志本报。兹悉：朱氏定于今日来城访问党政当局及亲戚友好，拟在城勾留一日，即迳返上海云。

1945 年 11 月 23 日《太报》第一版

樹立儉樸風氣 厲行新生活運動

省府通令全省各單位遵照

省府自還淪以來、對於省政之開展、社會風氣之改善、官常之丕振、莫不積極推行、近且本省淪陷八年、敵軍交煎、人民之疾苦殊深、凡各級工作人員、不無仍有稍故就酬之情事、為通令全省各機關首長、懍念時局之艱危、懷責任之重大、努力自愛、倡行節約生活運動、茲錄通令全文如下「查收復區公務人員、淬勵奮發、以身作則、督飭所屬、勵行新生活運動、樹立儉樸之風氣、仰副……一體遵照為要」云。

朱樹人氏今日蒞太

(本報訊)青年領導朱樹人氏、於本月十五日遄返沙溪故里省親、幷曾赴雙鳳毛市等處訪問友好、備受各地熱烈歡迎、詳情迭誌本報、茲悉、朱氏建於今日來城訪問黨政當局、及親戚友好、擬在城勾留一日、即迳返上海云、

本埠郵費改訂

與寄往外埠同樣貼足

(本報訊)據郵局息、自本年十月一日起、凡寄本埠郵件、一律改訂後、與寄往外埠之郵費、保與寄往外埠同、尚有未聲明瞭者、以免改訂後、凡寄本埠郵件、往往少貼郵改訂後、凡寄本埠郵件、知各學生云。

省立太倉師範甄審試驗日期

(本報訊)江蘇省立太倉師範、自願被甄審之內地中小學現任教職員、業經核准登記已太倉師範、自願被甄審確定於本月二十五日(星期日)上午八時起、假小榮巷中小學舉行甄審試驗、試驗科目及應用文具被褥、均須自備……

氣憤出走溺斃河中

(本報訊)西門外溺川鎮附近農民方惠香、伊子阿海略加譴責、旋由家下落、母子阿海溺憤而於本月十四日凶細故將屬託人四出尋覓……

虎龙桥不日兴修

虎龙桥遭敌伪破坏，年久失修，旁无桥栏。黑夜经此，易酿坠河惨事。本年一月二十八日，自女教员杨逸逸在该桥畔失足溺毙桥下以后，邑人士提议修造各破坏桥梁，虎龙桥即其一也。兹由金鸿銮捐款法币三万元，宋衡山捐款法币一万元，合计四万元修造该桥，旁设栏杆以保行人安全，并由李鸿生承造。如有不敷费用则由承造人李鸿生捐助，不再向人劝募，诚善举也。

1946年3月3日《平民日报》第二版

城区民教馆奉令搜集抗战殉难军民事迹史料

本报讯 本县城区民众教育馆奉令搜集抗战殉难军民事绩暨抗战史料，整理陈列以供周览，兹悉该馆以太仓各乡抗战殉难烈士不在少数，采访难能周密。现经函请有关方面就近协助采访，希于短期内汇交，俾便该馆辟室陈列表扬云。

1946 年 1 月 8 日《太仓明报》第二版

朱恺俦氏昨莅太视察沪太段公路

本报讯　锡沪、沪太两公路为本县主要交通干线。自日寇侵陷后，所有路面桥梁破坏殊巨……唯暂通至沙溪为止，并悉车辆宽敞，每日开班。此后吾邑商旅当更称便云。

1946 年 1 月 20 日《太仓明报》第二版

开放小北门与启闭水关

本报讯　本邑地方秩序逐渐安定，小东门业已启放，尚有小北门迄未开放，往来行人咸感不便，近由商会理事长函请县府转饬开放小北门。又各城门水关虽已完全启放，任凭船只北出，但每日启闭时间尚未通告，以致商船及下柴船、粪船等尚未能于早晨即进城者。王理事长对此亦已呈请县府通告规定比日启闭时间矣。

1946 年 1 月 27 日《太仓明报》第二版

太师遗失之石柱经警所悉数查获

本报讯　在本邑沦陷时，太仓师范曾有石柱十二根被日寇运走。现河山重光，该校积极修理校舍需用材料甚夥，且对该遗失之石柱殊为需要。经太师当局函请警局代查，据确讯该项石柱为城区警察所姜所长派员查获，其中八根遗弃于南园旷地，另有四根于赵马氏家"太师附近居民"检出，闻警局已函请太师前往认领云。

1946年3月4日《太仓明报》第二版

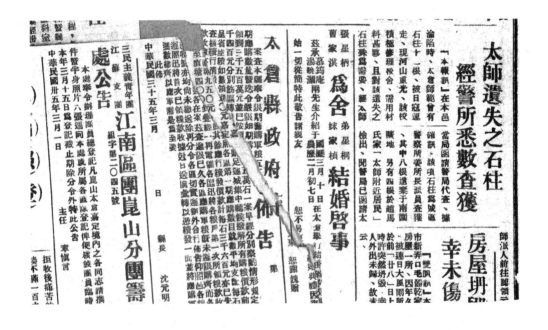

沙直公路开始修筑

沙溪通讯　第五区公所前奉县令，遵照内政部颁发国民义务劳动法规定抢修区境各段公路。爰经提出区常会议决，首先修筑沙直公路。以路面基础欠固，经向本镇利泰纺织公司商定以堆存全部煤屑铺作路面以利行车。并议决征用塗松、庐桥、司马、五奇、何徐、中泾、利泰、双桥等八乡民伕，每保出伕八十名，乘兹农隙即日动工。已有本月廿三日开始修筑，在公路管理处县委任主任区委胡指导督导之下，民伕参加修筑者甚形踊跃，不日即可修竣云。

1946 年 3 月 8 日《太仓明报》第一版

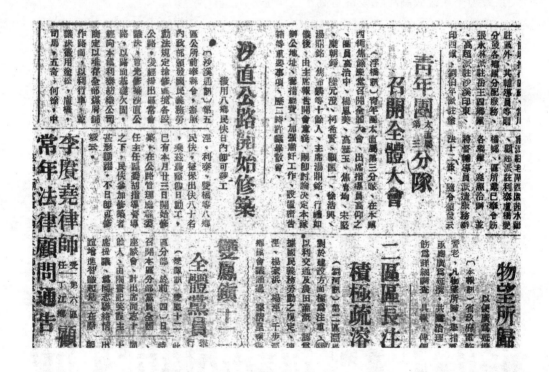

郑凤石案定期开审，高仰之等传庭作证

本报讯　江南大惨案主角郑凤石，胜利后化名李慎言，混迹金山县政府，任民政科长。经蒙难家属告发后，被高法院侦知行踪移交金山县府提讯，该县长即派员伴郑投案。兹悉高法院已定于本月十三日上午九时开庭，原告人陆大绥等已接获传票，同时被传者闻尚有、高仰之、唐祥伯两人。按高于民国二十七年冬与郑同为太仓县政府职员（郑任县府秘书，高任第五区区长），此后共事地下工作者有年。三十二年春郑被捕案发，高亦株连入狱，太仓被难者除二十二人外多半未获生还，唯郑与高仰之等数人始终拘押于常熟，迨上年五月十五日始同时释放。高与郑之关系最为密切，故高法院今番将高传庭作证云。

1946 年 3 月 11 日《太仓明报》第二版

朱屺瞻致力艺坛膺选美协会理事

　　邑人朱屺瞻，世居浏河。抗战期间久作海上寓公，坚贞不屈，雅擅艺事。画法取资甚宏，出入石涛石谿，深造堂奥，兼写墨兰风竹，随手纷披，另辟町畦，不落古人窠臼。水彩油画亦慧心独契，历在全国美展等会中荣获奖状。畴昔刊有画集行世，久已蜚声艺坛。近悉朱氏又被上海美术协会膺选为理事云。

1946 年 4 月 1 日《平民日报》第一版

经学太师唐蔚老等发起筹修四先生祠

吾邑陈碓庵、陆柠亭、江药园、盛寒溪，当晚明之季讲学传经，志节皎然，世称"四先生"。后人崇祀之不替，建祠于城南镇民桥堍，年久失修，倾圮曰甚。里中陆博泉、张拜彤等近有筹修之议。被沪经学太师唐蔚老闻之，亦复书极端赞同，列名发起劝募。并嘱先行饬用木撑，防其坍塌一面，正拟备册分投进行捐募，以谋早复厥观，永垂祀典。

1946 年 4 月 18 日《平民日报》第一版

敬仰民族英雄　张巡庙宇重新

　　太邑沙溪唐代民族英雄，誓不屈服与城俱存亡之睢阳守将张巡，成仁后本邑民众建庙于镇之东隅，平时香火鼎盛。迨日冠侵境，铁蹄践踏，以致庙宇糟塌不堪。抗战成功，倭冠屈膝，沦陷区河山光复，万众欢腾。里人为敬仰古代民族英雄起见，对于张睢阳庙宇重加修理，并于五月一日将圣像开光。因是连日本镇具有历史性之各庙先贤均往道贺，一时车水马龙盛况空前云。

1946 年 5 月 7 的《平民日报》第一版

敬仰民族英雄
張巡廟宇重新

　　太邑沙溪唐代民族，區河山光復，萬衆歡騰，英雄，誓不屈服與城俱里人爲敬仰古代民族存亡之睢陽守將張巡，英雄起見，對於張睢陽成仁後，本邑民衆建廟廟宇重加修理並於五於鎮之東隅，平時香火月一日，將聖像開光，因鼎盛，迨日冠侵境，吾是連日本鎮具有歷史性邑淪陷，鐵蹄踐踏，以之各廟先賢均往道賀，致廟宇糟塌不堪，抗戰一時車水馬龍盛况空前成功，倭冠屈膝，淪陷云。

問榷

（六）　　一粟

　　會，遇有成績優異者，特別加以獎勵，以啟其興趣，每年暑期，應舉辦講習會，致聘名人，輪流演講，灌輸新智識，新方法，使之應用無窮，樂此不疲，而師資訓練班，應急籌備，一面招收初中畢業生加以適當之訓練，留爲後備，一面將現任之校長教員，更迭抽訓，總之使之達到美化，使之遊戲運物，牆壁坍壞，修繕，使兒童其圖書，如教其圖書

　　將來推進

　　建設新中國，胥於是，賞使之俯仰裕如，不致見異思遷，是應能推陳出新，培養教師，即培養國，由地方熱心應由公家規

　　保者，各校辦公費及薪水，尤力。

擴大　總理紀念週
王書記長懇切陳詞

　　太邑黨政團，暨各機關學校等，昨（六日）上午十時，在縣黨部大禮堂舉行第五次擴大總理紀念週，席上主書記長報告，今天是兄弟第一次在皖蘇邊境，奉命到職後，第一次擴大紀念週，與各位見面，當後來太担任書記長，聚一堂，很是榮幸和興持地方與中央的連絡，奮。回想兄弟來太任書記長，此次是第二次，在民國卅一年長，情形與前大不相同

四先生祠修复昨行首次秋祭

本报讯　有明之季，吾邑讲学之盛，继复社张大如先生后者，当推陆桴亭、陈确庵、江药园、盛寒溪四先生为最。数百年来，文教不坠，实先辈启迪致之，今镇民桥南之四先生祠，即奉祀所也。祠历于兵燹中破损甚巨，前经三十二年酌为修理，近以屋宇倾斜，恐遭坍毁，修缮更不易为力。乃由陆勤之、朱铁英等设计筹划，张拜彤、赵耀如督饬拆卸重整，历时二月今已工竣，焕然一新。昨日上午八时，为该祠修复后第一次祭祀，仍由陆勤之等先期通知，是日到乡人吴养涵、王梦龄等二十余人。主祭陆勤之，司仪吴养涵，祝文凌燕谋，济济一堂，其敬仰先贤之忱，莫不恪恭将事，诚盛况云。

1946年9月22日《太仓明报》第二版

第五区何徐乡发现三化螟虫

沙溪通讯　五区何徐乡最近在稻田中发现三化螟虫，所以稻茎上全变白穗，将来收获难有希望。乃于二十四日晨，全体农民手持大批白穗向五区公所请愿，当由区方电禀县府请求即日派员来区履勘后，再行核夺，请愿农民方退出区公所。嗣后希改进农业者能切实负起责任，以谋食粮之增产云。

1943 年 9 月 26 日《太仓日报》第二版

省卫生处陈处长莅太视察公医院

本报讯　江苏省卫生处陈处长万里，前日莅太视察本县公医院，由薛县长及公医院王院长等亲自迎迓。陈处长抵太后即在公医院内外各科门诊部、病房部及化验室、手术室等详细检视，嗣对各医师等训话，并指示进行方针。临行时又会同薛县长及公医院全体医师护士等合摄影，以留纪念。闻陈处长此次莅太视察，对公医院除一切设备深表满意。

1947 年 4 月 6 日《太仓明报》第一版

全县中小学校代表联合请求发放欠费

本邑教界同人迫切呼吁之消息，自本报从实披露后，同情于教界人士之清苦生涯心力交瘁。罗掘俱穷者，逐有抢救教师提高待遇之呼声，揆之实际仍仰赖教育当局之如何善其后，昨日邑中县立中小学校各校长教师等于上午十时，假座城中联镇中心国民学校，召开全县中小学校长及教职员代表联席会议，列席者有明报强秘书及本报朱经理等，席间各校长及教职员代表提出请求发放教费，及提高教育人员待遇等等问题，充分商讨，情形颇达高潮，教育科唐科长剀切申述苦心支撑之经过，并与代表相约教育经费，力为筹措。本月八日前先发二月份，廿日继发放三月份，四月底所有本月份教费亦完全核发，并保证决可兑现。又悉是日沈县长适因公外出，故到府请愿之举临时取消云。

1946 年 4 月 5 日《平民日报》第一版

胡粹老病势沉重

太仓旅沪同乡会主席胡粹士先生，突于上月初旬患病甚剧，由陆京士、陆增福二君陪送入南洋医院疗治。经院长顾南群谨慎诊治，断定为喉结核，为肺结核中最具危险性者。复延名医汪企张等诊治，咸认病情严重。沪上空气恶浊，亟宜迁地疗养乃三月三十一日由沪返沙疗养，延请金剑虎、陈鸣镠二医师悉心医治。近闻体形瘦削、音哑气喘，热度甚高，病势十分危殆。亲友闻讯，纷往探视，咸望早占勿药，早复健康。

1946 年 4 月 6 日《平民日报》第二版

朱氏双杰同膺博士学位
朱汝瑾将应召返国效力

　　邑人朱汝瑾为筑岩先生之女公子，毕业于西南联大后，与其姐汝华博士（美密歇根大学化学博士，于三十二年春受美政府之聘，到美国坦克司州大学在理工学院讲学，三十四年秋改任密纳苏丹大学理学院教授）同时赴美，入世界驰名之麻省理工大学深造，成绩优异，在校仅二年半即得化工博士学位，倍受盟邦教授之赞许。本年二月廿五日已正式接受博士学位，美国各工厂争相延聘担任长期工程师。国府资源委员会及清华、北大方面亦纷纷去函促归。闻朱博士因深感国内技术人才之缺乏，将于本届暑期中束装返国，施展长才，为国家效力云。

1946 年 4 月 10 日《平民日报》第二版

胡粹士虽死犹生

旅沪人士追悼，接开同乡常会

　　旅沪太仓同乡会定期在江西路恒社举行常会，业志本报。至期（廿六日）上午九时，到会人士狄君武、陆京士、朱恺俦、顾震白、崔雁冰及松太同乡郁钟棠、张志鹤、戴克宽、戴思恭、袁希洛、金其源等，济济一堂。本报朱经理亦临时赶到。先为追悼胡粹士大会，援为位而哭之义，请酌庶羞，致祭招魂（祭文分载今明两日本报）。由狄君武、袁希洛、朱恺俦、陆京士、顾震白、崔雁冰等先后致词共伸悼念之忱，继即接开旅沪同乡常会，席上朱恺俦及本报朱经理报告一切，交换意见，热情交洽云。

1946 年 5 月 30 日《平民日报》第四版

城耀娄电气公司不日将大放光明

　　太城耀娄电气公司近为适应各方需要起见，前由股东朱秉彝等筹备复业，迭志本报。兹悉该公司已饬派旧有机师陈怀甫、汪炳生、汪季涛等正在将旧有木炭机拆卸，改装柴油引擎，限期竣工。所有内部人事，仍多起用黄洛才、蒋桐候、邵锡侯等均系旧时人员，闻将在两周内即可正式输电，大放光明云。

1946 年 6 月 5 日《平民日报》第一版

纽约时报记者到沙摄取影片

沙溪通讯　盟邦美国纽约时报馆摄影记者安力生先生等三人，随带摄影机件于本月十九日中午莅沙，下榻于本镇民恩堂。当晚设筵宴请各机关首长，宾主腾欢，即席并报告上次与艾景司等来沙所摄之农村事业，及本镇风土古迹等影片，已在美国试映，成绩良佳。该片在十月间即可运至中国，首次当在本镇放映，预卜届时尚有一番盛况。并悉今（二十）日又在本镇及附近四乡摄取富有风土历史性之影片。镇上各商号悬旗志贺，大约尚有一二日之逗留云。

1946 年 8 月 22 日《太仓明报》第三版

利泰至沙溪公路　沙区署即将兴修

沙溪通讯　本区地处要冲，公路河道纵横境内，以故交通称便。最近以公路破坏特甚，车辆行驰颠簸不堪。沈区长有鉴于斯，特派建设指导员杨德修、公路管理员胡鼎臣等，将利泰至沙溪及沙溪至岳王二段检视破坏程度，饬工估价修理，不日即将开工云。

1946 年 11 月 3 日《太仓明报》第二版

邑人龚炯等在沪组织团囵剧社

邑人龚炯现任职于上海国强中学，对儿童戏剧素有研究曾先后出版《懒小姐》《英雄梦》《少年笔耕》等剧本，颇得好评。龚君在沪于民国二十九年曾与同乡杨公怀、杨文浩等组织一儿童剧社，取名"团囵"，训练儿童演有意义的话剧，并于社中设立儿童图书馆、篮球队、出版社等，使儿童身心上得以正常发展。成立迄今已告五载，曾先后公演"学费"、"消化不良"、"家庭教育"等儿童剧。后因遭受敌伪压力，自动停顿。现在河山重光，该社亦开始复员，推进工作。本月廿一日假座俄国艺术剧院又作第九次公演……

1945 年 10 月 27 日《平民日报》第一版

新塘镇重建朱良桥

新塘与刘太公路之间有朱良桥一座，系南北冲要，为行人往来必经之要道。四月间遭敌军拆毁，附近居民深感不便，现新塘镇长陈保泰等有鉴于此，爰召集当地热心人士发起筹募重建，不日动工云。

1945 年 10 月 21 日《平民日报》第二版

支塘成立大众书报社

支塘通讯 文化界邵晋通诸君等筹备攸久之大众书报社服务社为提倡文化、服务社会。该社内部机构分社务、总务、交济，经济等四股。业务为经销全国图书、报纸杂志、丛刊，办理代定代办兼发行，其他委托事宜，另辟阅报室一所，专供杂志报纸数十种，使读者便利阅读；出租各种图书小说，应有尽有。闻该社原定九月一日开幕，因装置未竣，改定九月九日正式开幕。另有发行大众文讯，将刊分赠读者此为支塘文化之福音，并祝大众前途无限。

1946 年 9 月 1 日《娄江日报》第二版

旅沪同乡会选定理监事

本报讯 去年十二月廿九日上午十时，假座建国西路恒社举行太仓旅沪同乡会成立大会，选举理监事，其情已志前报，闻选举结果为朱恺俦、陆京士、陆增福、顾震白、朱树人、张朴人，顾仲超、狄建庵、王维驷、吴仲裔、胡左文、吕燮华、魏敦义、钱旭沧、崔雁宾、何元明、顾荫千、蒋平阶、俞庆棠、金允中、唐忍庵、顾陟高、吴雨霖、吉增昌、顾雁宾等二十五人为理事；张鹏才、沈宇平、邵飘飘、朱屺瞻、陆长恩、蒋宪清、金鸿鎏等七人为候补理事；杨颂华、陈中行、汪季章、陶亦书、蒋用蕃、曾颂千、郁君拔等七人为监事；张宗杰、郁圣祥、杨仲宾等三人为候补监事云。

1947 年 1 月 5 日《太仓明报》第二版

利泰工友继续怠工

——要求年赏七十三天，厂方只允二十天

沙溪通讯　本镇利泰纱厂全体劳工因要求年赏而实行怠工。厂方约定于七日答复，故曾暂时复工，业志本报。至期厂方负责人允许再加出十天，为共增发二十天，聊以嘉慰周岁辛勤。唯劳方坚持须要加出全年之二成（即七十三天）。以相去悬殊，于八日晨起联合同仁和新二小型纱厂全体工人一致继续怠工，现由县府曹秘书、总工会张星五两氏来沙调解云。

1947 年 1 月 11 日《太仓明报》第一版

沪太汽车公司各线恢复通车

沪讯　沪太长途汽车公司，战前所行驶之上海至罗店、刘河、嘉定，以及吴淞至宝山、月浦等各线，定于今年一月一日起全部通车。总公司及上海车站，同时迁回闸北乌镇路光复路二三五号原址，发售客票。现因乌镇路桥在战时拆除，故乘客须由新闸桥北堍往东，或新垃圾桥往西，均可直达。

1947年1月11日《太仓明报》第三版

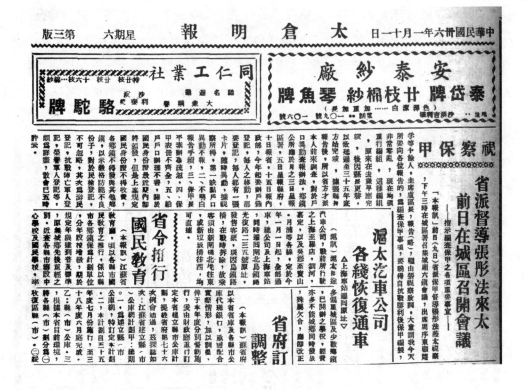

本邑女化学家朱汝华出国任教

本报讯 国立北京大学化学教授朱汝华女士，系本邑已故朱视年先生之第二女公子。顷接受英国政府聘请为牛津大学视察教授，定于三月七日自纽约搭伊利沙伯皇后号前往英国。朱女士为中国第一位女化学家，民国十九年得国立中央大学化学士学位，廿二年赴美，留学密歇根大学。民廿五年得有机械化学理学博士学位，战事期间在国立北京大学担任有机化学教授。民国卅二年再度游美，继续研究工作，其主要研究项目为维他命K、复合维他命B及杀菌物质，著有科学论文三十篇及教育部大学丛书《有机化学》等书。朱女士之弟朱汝瑾得其指导鼓励，曾于去年得美国麻省工学院化工博士学位，现任圣路易斯华盛顿大学化学工程副教授。

1947年2月4日《太仓明报》第一版

大阜桥筹备兴建　建桥委员会已告成立

　　浮桥讯　浮桥镇镇公所以本镇大浮桥建立已在二十年以上，破坏不堪，人行往来，危险殊甚，不得不计划重建，以利交通。而兹事体大，非集中各方人力物力共策进行不为功，爰秉承区长意旨，成立建筑大浮桥委员会，聘请地方绅商名流为建筑大浮桥委员会委员，于四月四日假座区署礼堂开第一次会议，共商进行办法。闵镇长不负众望，积极领导建乡，各界均表欣慰。

1947 年 4 月 8 日《太仓明报》第三版

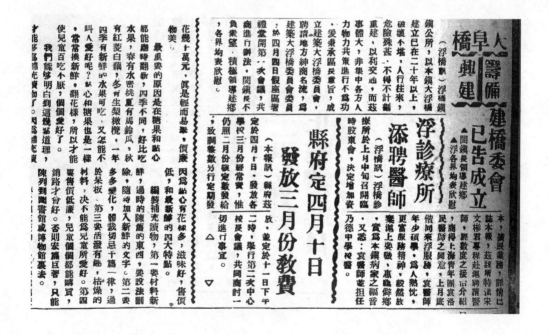

浮桥二汛黄鱼近正陆续进口

浮桥讯　一年一度之黄花鱼汛，本镇上月廿五日上午首到一艘后，络续到达共三十余艘。由三泰等十家鱼行经售，今年市价每双筹为二万元，约可买得鱼廿余斤不等，较本地鱼价便宜许多。外埠闻讯来购者甚众，故至月底已全部通舱，近日二汛亦已陆续进口。

又悉：关于建桥之带捐，经各鱼行商定每双筹带捐一百六十元。

1947 年 5 月 10 日《太仓明报》第一版

种田少　吃嘴多　沿海居民生活苦

璜泾讯　在物价暴涨声中，璜泾不能例外。即菜蔬一类腾价亦甚，虽细末如葱蒜，索值殊惊人，平民生活日窘一日。在本镇沿海一带居民，种田少，吃嘴多，所收极微之秋熟，仅足供数月用度。在春间早已将首蓿拌野碗豆作食，现得以麦代米者为已上食，普通竟有以蚕豆杂物充饥者。而该处工资又低，每工仅五千元之数，每人每日所得仅足供个人费用，仰事俯蓄，完全落空。而田间农作物正在开始播莳，以待收成，遥遥无期，此辈生活，殊为可怜云。

1947 年 7 月 20 日《太仓明报》第二版

要求提高待遇　沙溪烛工辞职

沙溪通讯　本镇绍兴籍烛业职工近以要求资方增加薪给，相率自动停职。闻该业职工所持理由以为在战前薪给恒在食米二石以上，嗣以物价波动，曾经再度调整，至目下止每名除资方供膳外，月薪三十余万元，乃与战前物资比较相差悬殊，一致提请资方参照战前物资标准而定薪给。资方以为数过钜，若照所请每名连供膳月规等在内每名亦需百万元之数，表示未能接受。故劳资双方目前正在相持中云。

1947 年 7 月 15 日《太仓明报》第二版

永泰纱厂劳资纠纷定今日下午再调处

本报讯 沙溪镇永泰纱厂近又酝酿劳资纠纷，原因为工人要求调整底薪数额。但工人底薪数额，据总工会发言人云：早经政府当局三令五申，不得借词提高，尤以动员颁布后，劳资双方均应遵守。唯闻该厂工人生活指数因经济支绌，确较他厂稍低。县总工会于前（九）日召集劳资双方代表在该工会协调。据悉前尚未圆满解决，定十二日下午再行调处云。

1947 年 8 月 12 日《太仓明报》第二版

美医师康德兰病逝　浏河各界开会追悼

浏河讯　惠中医院主任医师康德兰女士来华服务已历三十余年，今年七十二岁，于上月病逝。浏河各界为追念其过去为社会服务之功绩起见，乃由地方士绅及该院同仁于本月二十四日举行纪念弥撒大会。

1947 年 8 月 22 日《太仓明报》第一版

美醫師康德蘭病逝　瀏河各界開會追悼

（瀏河訊）惠中醫院主任醫師康德蘭女士來華服務，已歷三十餘年，今年七十二歲，於上月病逝，瀏河各界為追念其遍去為社會服務之功績起見，乃由地方士紳及該院同仁，於本月二十四日舉行紀念彌撒大會。

轉載

全國總動員的時代
背景與運用（六）

劉光炎

（一）總動員必須全國一致，希望這種管制，不會變為豪門權貴另一發財的捷徑，無可諱言的豪門貴戚，氣燄薰天，現在主管經財大計的人，誰不仰他們的鼻息，所以任何管制政策，在他們面前均將失效，不惟失效，且將成為他們的藉以聚斂之門。過去的黃金那裏去了！花紗的管制，其利益到那一個荷包裏去了？我們希望主劉管制的人，今後拿出一點骨氣來，要替國家

不可有貧富之分，城鄉之別，任何權貴豪門，均不能倚勢有所例外。任何土劣地主，均不能有所包庇，必須一致，公平，才能使人人出力，踴躍從公，抗戰時期，農民出力效，出錢，當兵，應役，而土劣地主，則安然無事，且乘機發財，此風必須糾正。

（二）總動員不能脫離管制，

體下田（時代社北平訊）東北共軍正以「邊打邊征」政策，普遍強徵農民「參軍」以補充此次「夏季攻勢」之大量傷亡，據中央廣播稱，在吉林松花江黑嫩等月病逝，劉河各界為追省共軍流竄，沿途半月起見，乃由地方士紳內有「數萬」所謂翻身四日舉行紀念彌撒。

狄君武氏关怀桑梓璜水初中成立有期

璜泾讯　本镇热心教育地方人士……发起创设璜水初级中学校，其讯业志本报。兹悉经该校筹备会第三次会议议决。公推狄君武先生为校长，教职人选正在拟聘中。该校拟先设初中一年级一班，名额暂定为四十名，即日起开始报名，酌收报名费每名三千元。于八月廿五日假璜泾中心国民学校办理入学试验。校址暂假璜泾中心民校，俟西塔民教馆旧址修理完竣即行迁入，教具暨设备等现正加紧添置中。

1947 年 8 月 22 日《太仓明报》第一版

岳王镇发生火警

岳王镇　岳王镇杨家弄同德堂药号，于本月二十八日午夜在后埭炒药间内突然起火。顿时冒穿屋顶，火焰直冲霄汉，历数小时始熄。事后检点，计焚毁药房三大房及其他贵重物件，损失不下数千万元，亦云浩劫矣。

1947 年 8 月 31 日《大仓明报》第二版

太师附小

学生缴费三联单
两项目发现不符

——学生家长特呈请省�解释——

（本报讯）本邑省立太仓师范附属小学校，本学期低年级收费，计分书籍、图书、体育、卫生、糖费，学

岳王镇发生火警

（岳王讯）岳王镇杨家弄同德堂药号损失重大。于本月二十八日午夜，在后埭炒药间内突然起火，顿时冒穿屋顶，火焰直冲霄汉，历数小时始熄，计焚毁药房三大房及其他贵重物件，事后检点，损失不下数千万元，亦云浩劫矣。

上海师管区傅司令一行
莅太校阅新兵并致慰问

——对本县新兵精饱满深表满意——

（本报讯）前（廿九）日下午三时，上海师管区傅司令，暨主任秘书莫一钧，第二科长周辉等一行，莅太校阅新兵，并各个慰问，军医主任郭建勋等一行。由嘉定来太，校阅来太新兵，精神饱满，深表满意，复由薛县长在新兵集队时招待並摄影留念。情绪颇为热烈，至下午四时五十分，傅司令等一行，於军乐悠扬声中离太转往宝山云。

江苏省训练团受训生活（中）　沈鉴

每一个学员，都静静地听讲，随时碰着芦菲笔记下来，以备充实自己知识的空虚。

我们的功课：有国父遗教，主席言论，行政组织等等，尤其对精神、思想、业务三方面的功课比较着重，各部门课程的讲师，都是

刘新海塘两乡发生牛疫猪疫

本报讯 刘新海塘两乡迭遭兵事，民困至今未苏。最近又发生牛疫猪疫，耕牛死亡者已达四十余头，猪二三百只，疫势有增无已，仍在传染蔓延中。农民限于知识与经济仍将疫畜宰杀市售，不独有碍卫生，且将影响农村生产。闻本县农会根据该两乡乡农会报告后，已据情备文呈请农林部东南兽疫防治处派员前来防治矣。

1947 年 9 月 7 日《太仓明报》第一版

鹿河三元堂将募款修建

鹿河讯　本镇东市梢三元堂为我邑古迹之一，相传建自明季。殿宇巍峨，北有玉影山，东有磨刀桥，庙前遍植树木花草，点缀风景。当时香火鼎盛，邻县仕女纷至沓来进香，所以游人如云，颇极一时之盛。旋被洪羊年间曾将神像一度破坏。虽每岁来庙虔诚讲经说佛，但觉昙花一现而已，前以该庙年久失修，复经去年飓风吹倒，已成荒坵，瓦砾一堆。兹闻蒋某等发起募款修建，以志纪念古迹云。

1947 年 12 月 29 日《太仓明报》第三版

西郊发现天花　预防接种牛痘

本报讯　本县西郊镇太丰纱厂有发现天花流行，本县卫生院得悉后，特派该院袁治华医师前往该厂消毒，并指示患者隔离方法及预防设施等。

又讯　本县卫生院为扑灭病原起见，于六日下午三时派员前往该厂施行预防接种牛痘云云。

1948 年 1 月 8 日《太仓明报》第二版

戊子五月二日冒雨祭扫乡先贤张溥天如墓（有序）

戴贡三

是日，为农历春三月二十四日上午九时，约集张季同（溥九世从孙）、张拜彤、周忆甘、赵耀如、陆敬临、王耀楣、金鸿銮、章伯威诸子冒疾雨出西郊，度跨娄江之伯埧桥，折西入野半里许，搴裳涉陇，乃抵墓址。墓为四穴，勒石为"乡先贤张天如之墓"于前焉。斯时稍霁，乃设案奠祭。季同主祭，拜彤赞礼，贡三读祭文，耀楣、耀如司爵，敬礼献花，忆甘司帛，祭毕返，衣履尽湿……

1948 年 6 月 29 日《太仓明报》第四版

唐蔚芝先生读文灌音片
邑民教馆订定传播时间

本报讯　国学大师唐蔚芝先生读文灌音片问世以来，各界人士争相购买，家弦户诵，鸣盛和声。邑城中民教馆昨得上海南华袜厂金鸿銎先生捐购全部灌音片及说明书廿册，即日起特订定每日上午九时至十一时在公园交谊厅传播，以供邑中人士听讲云。兹抄录灌音片全部目录如下；唐蔚芝先生读文法讲辞，唐谋伯先生英文介绍辞、欧阳修秋声赋、欧阳修丰乐亭记、李华吊古战场文（上）、李华吊古战场之（下），欧阳修五代史伶官传序，范仲淹岳阳楼记，史记屈原列传（上）、史记屈原列传（下），诸葛亮前出师表，韩信送李愿归盘谷序，诗经鸨羽篇、卷阿篇，欧阳修泷冈阡表，诗经常棣篇、谷风扁、伐木篇，岳飞满江红，楚辞九歌，云中君湘夫人，苏东坡水调歌头，左传吕相绝秦，唐若钦公迎春诗、送春诗，昆曲长生殿（小宴第一段）。

1948 年 6 月 3 日《太仓报》第三版

特寫

東北血淚寫實（一）
李鳳山

雅歌隊雙喜臨門
混合不敵遭慘敗

唐蔚芝先生讀文灌音片
邑民教館訂定傳播時間

沙溪古迹白衣殿　镇人士发起修葺

沙溪讯　本镇白衣殿为我邑之名胜，兹因年久失修，坍塌多处，曾有园林戏阁，荡然无存。西首有文昌阁，屋较完整。自理教会沙溪善心堂迁入后略加修葺，于兹五载，每值大士诞辰膜拜者众，苦不能容。已于本年二月间集议扩充会址，兼以保存古迹，闻全部工程约需国币一亿五千万元，由当地热心人士发起修葺，现正在着手劝募，不日即可开工云。

1948 年 5 月 3 日《太仓明报》第一版

本县教师为生活所迫今日再度向参会请愿

　　本报讯　本县教界同人现因生活水准激增，而所发生活补助费与省颁指数相差过巨。经于日前联合向县府暨参议会请愿要求实发生补费廿四万倍，各情业志本报。兹悉各教师为生活所迫，拟于今日县参议会召开四次大会之际再度请愿。闻璜泾区各校校长教师亦全体来城参加云。

1948 年 5 月 16 日《太仓明报》第三版

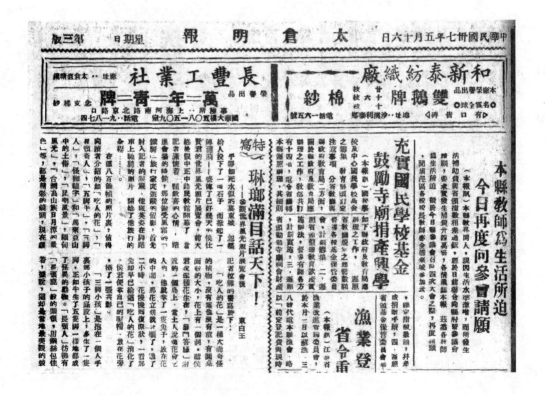

邑人王剑英考取燕大史地研究院

　　本报讯　邑人王海平之长子剑英，中央大学毕业，擅长史地，曾在娄东中学担任高初中史地教员多年。王君课余之暇，恒研究史地，颇多心得，最近王君已考取燕京大学史地研究院，以求深造，并获得美国哈佛大学奖学金，更为难能可贵。入院研究二年即可得硕士学位。并悉王君已□途北上云。

1948年9月10日《太仓明报》第一版

沙安泰纺织厂一度发生工潮

沙溪讯　本镇安泰纺织工艺社现任社长翁毓甫，自接事以来倏已半载，平日办事尚称谨慎。讵本月十九日傍晚，该社为工资参差，一度发生工潮，情势颇为紧张。旋经印溪镇长等到场调停，解释误会后，双方即告圆满解决、融洽如初云。

1949 年 1 月 23 日《太仓明报》第一版

太平建元轮互撞　邑人陆宗润罹难

本报讯　沪台间之航行商轮中联公司太平轮，于一月廿七日自沪起椗赴台省基隆，突于是日午夜十一时四十五分与基隆驶沪，载货轮建元号在温州（舟山群岛附近）洋面互撞，两轮均遭沉没，搭客数千人除救起三十八人外，其余均遭灭顶。闻邑人陆博泉先生之女公子宗润，适乘太平轮去台，亦罹是难，亦云惨矣。

1949 年 2 月 5 日《大仓明报》第一版

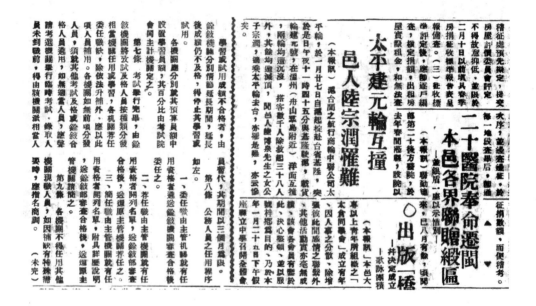

社会新闻

罗店装盐船被盗劫

嘉定通讯　住居县属第三区瑞木乡船户陈小根，专向宝山县罗店镇各商店装运食盐。于上月十二日自上海公永和盐栈装载食盐六百二十八元，行至胡家庄西小朱宅附近突来江北船一艘，内有盗匪十余人蜂踊冲出，迫令停船，若辈咸口操沪音，并以手枪威胁。即将船户陈小根及伙友陈阿宝、高阿春三人用麻绳捆绑抛弃近段麦田，盗等当将船盐一并劫去云。

1936年1月7日《太嘉宝日报》第二版

吃鱼肚杂，马宅全家中毒

鱼肚杂者即鱼腹中之肠肝等件之俗称。日前有新自上海迁回现居南牌坊东大街之马姓者特向市上购大青鱼一尾，午间即以鱼肚杂烹饪佐餐。孰料食毕后不二小时全家老小三口除佣仆外均感觉腹痛，且渐入昏迷状态，始知中毒。当经急延西医诊察，施以救治，始告无恙。据推则：该项鱼类之来源系将毒药施放于鱼池，鱼服毒而死后始余于水面，而供人捞售，即售所谓药鱼。重因遗留于肠内之毒药并未洗净，致人服后亦遂中毒云。

1942 年 2 月 8 日《太仓新报》第二版

沙溪张万兴米行失窃案已破获

沙溪张万兴米行屡次失窃糙白米，经报告在案。兹本月一日又被小窃挖墙入内，窃去糙米数石，当经沙溪警察分署侦悉，是案系积窃朱阿福所为，乃于日前派警在利泰工房内将其逮案。朱即供认不讳，并称系与在逃之霍阿全所共犯。至是项贼米，其中六斗系售与本镇西巷门之张仁之，每斗得银十四元三角。该署据供后即备文将朱解县，昨县警察局已将该犯移送地方法院检察处讯办矣。

1942 年 3 月 7 日《太仓新报》第二版

黄包车夫误走麦城　误会奔避落河身死

　　黄包车夫陈廷阶于二日晚自利泰乡至直塘，中途因步入田间之小岔道致启守护麦田之农人之疑，起而追逐。陈廷阶不知就理，于惊惶之余即拔脚飞奔，乃不幸遽尔失足落河灭顶致死，其地点系在利泰乡利泰纱厂之西。事后，乡长已据情报告当地警察署转报核办。

1942 年 6 月 5 日《太仓新报》第一版

人去楼空家具被窃

刘河通讯　区属海塘乡一保十甲五户乡民钱炳钧，因在外营商，故家人均住在申，所有乡间屋中之家具物件乃托同宗钱根生招顾。唯根生终日在镇上，或赌或酒专事游荡。日前炳钧返乡，启所入屋遂发现内中什物已缺少甚多，询之邻人，根生颇有重大嫌疑。闻炳钧以损失重大，或将追究云。

1943 年 8 月 1 日《太仓日报》第二版

乡民上市购物钞票不翼而飞

刘河通讯　本镇老浮桥北堍一带向为菜贩集中之处，故每日晨间摩肩接踵，人颇拥挤。日前有桃源乡乡民金福堂来刘上市，经桥堍至某店购物，忽觉袋中所藏钞洋二百元已不翼而飞，知为被扒手窃去无疑。唯该钞系邻人托买火柴之款，须要赔偿，故其返家时颇为懊丧云。

1943 年 8 月 1 日《太报》第二版

沙璜途中汽船互撞

沙溪通讯　本邑利航汽船每日上午由城驶沙，当日仍由沙溪驶回原处，专载乘客，营业素称发达。前日（二十四）上午八时许，该船因有人临时雇用由沙溪驶往璜泾，途经卢桥陶家湾地方适遇璜泾班汽船（每日自璜泾驶至太城之汽船）自前面驶来，在大转湾时偶一不慎两船突然互撞，当时双方乘客莫不惊惧万分，结果璜泾班船上棚略受损伤，幸无其他损害云。

1944 年 4 月 28 日《太仓公报》第二版

火车票价增加

沪讯　华中铁道公司……唯因物价高涨、种种材料不特价昂又不易购入，支出日感浩大，不得已于本月二十三日起实施增加火车票价，其增加率约为一倍，同时通行税税率奉财政部令亦增加一倍。兹志经增加后之普通三等车票价如次：（由上海起至下列各地）苏州五十元、无锡八十元、镇江一四〇元、南京一八〇元、芜湖二三〇元、蚌埠二八〇元、徐州二七〇元，嘉兴六〇元、杭州一一〇元、金华二七〇元、庐州三二〇元。（二等车票价为三等车票之加倍，头等车票价为三等车票之三倍）……

1944 年 5 月 23 日《太仓公报》第一版

男生须剃光头女生不得烫发

　　本邑教育局顷奉江苏省政府训令，略以"案奉江苏省政府训教字第五八九号训令内开，查际兹战时体制下青年学生自当实践新国民运动，简约朴素，屏除浮华，前经规定各校男生一律剃光头，女生不得烫发，并应剪短齐耳根。迭次通饬遵照有案，本学期各校即将开学，青年学生容有未知，用特重申前令，除分行外，合行令仰该局长遵照，并转饬所要一体切实遵照办理为要，此令"等因，教局奉此，当转饬所属各中小学校一体遵照云。

1944 年 9 月 9 日《太仓公报》第二版

因果桥栏杆被歹人偷拆
弇中镇镇长应速设法修理

本报讯 本城弇中镇因果桥靠南栏杆被歹人偷拆，在半月间化为乌有，因无人过问致使夜间往来行人时有踏空落河情事，幸该河水干涸，未酿人命。希望该镇镇长速予设法修理，以防不测云。

1944 年 12 月 24 日《太仓公报》第二版

新塘镇一居民竟为赌负自杀

本报讯 本邑自县政府于农历年底布告赌博之害，晓验民众，劝令戒除赌博以后，城区方面已经敛迹，唯闻有一伙不逞之徒混入乡间，仍作其赌博勾当，借避当局耳目。兹据二区新塘镇来客谈，近来该镇赌风甚炽，居民顾福华竟为赌负自杀毕命。缘新塘镇芳园书场设局聚赌，输赢极巨，自农历新年以来日夜么喝从无间断，乃有曾充公务员之戴某销差后时常混入其间，专以重利放债为其唯一得意杰作一般浮浪子弟咸趋之若鹜，每遭输负即向其借货、典卖田房，亦所不计，讵有顾福华者于日前亦因输负向戴某借款，旋以到期无法弥补遽萌短见，竟为赌负丧失生命。闻者无不慨叹不罢云。

1945年3月1日《太仓公报》第二版

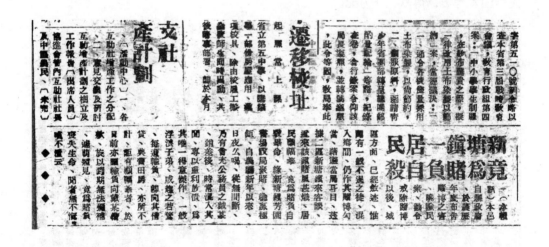

假名律师鱼肉乡民

本报讯　县属三区六公乡人陆起华（即陆起）曾充律师，在事变后一度为沪西地方分院法官，旋因犯案被当局通缉，现在匿居本乡乡间，仍以律师自居鱼肉乡民，受其荼毒者不胜枚举，兹举该乡来客谈其最近不法行为情节较重者约有下列数端：（一）本乡人王子祥曾向口北采购耕牛十六头，迨运抵本乡时被陆起华私收捐钱每头一万五千元。案发后，经时思乡警察分署将陆传案拘押二天。（二）本乡人陆阿大将妻杨氏卖陆泾乡陆生观为妾得款七十万元，被陆起华知悉即向陆阿大素取三十万元。（三）本乡人顾土之妹招弟先前与浮桥镇开设粮食行名培先者订为夫妇，招弟被陆起华从中唆使解除婚约，嗣又唆使招弟与乃兄顾土析田庄，顾土不得已将田二亩二分分给招第，由是陆又索得十万元，结果又将招弟出卖与九曲乡民魏口发为妻，得款六十万元。

1945 年 5 月 14 日《太仓公报》第二版

面馆主妇被人诱拐卷取饰物逃匿无踪

　　本报讯　本城武陵桥南堍王顺记面馆营业向称鼎盛，店主王涛生克勤克俭颇有积蓄，其妻朱氏年仅而立略具有姿色，于三年前与对门发茂酱园之司帐居永林发生暧昧，两相往还，日渐亲密。而乃夫明知妻有外遇亦并不加以责备，悉听自由，不知是何用意。讵知朱氏近来仍不满所欲，竟于上月三十一日夜间突然卷逃，所有金饰三两余及衣钞等物囊括一空。当时涛生遭此变故仍不露声色，切盼乃妻返家重圆。唯时隔多日杳如黄鹤，始悟已告绝望，徒唤奈何，并据传悉居永林自上年失业后日里游荡，全赖朱氏资助生活。此次居与朱同时失踪，自可断言朱氏被居永林诱拐无疑云。

1945 年 6 月 8 日《太仓公报》第二版

庙宇学校同遭失窃

　　双凤通讯　本镇中市玉皇阁系千年古刹，头门上有匾额一块，上书"双凤福地"四字，乃第三十八代天师张友材亲笔，讵料该匾于前日无告失踪。又双凤小学校于二十三日晚上被窃各级学生课业用簿五百余本，教员参考书三十本及桌上玻璃板二块。该校长得悉后，除将被窃情形呈报教育局外，一面并报告当地警察所，请予严缉窃贼云。

1945 年 3 月 28 日《太仓公报》第二版

无名小孩抛弃路侧

沙溪通讯　最近数月来各处物价扶摇直上，尤其食米一项涨风最炽，一日之间此间竟有数市价格，如斯情形一般赤贫之家、升合小民安能度日，庶其生活所遭遇威胁不言可喻。前日在印东镇高真堂小学后面沙岳路畔有一无名婴孩被弃于路侧，其情形似刚脱离母体，且颜现瘀容良以穷苦之家不堪负担出此下策者，情殊可怜。后经镇民徐雨霖将该小孩抱至街坊，乃有丁家老太者因无后嗣故将该小孩收容云。

1945 年 6 月 13 日《太仓公报》第二版

沉迷女色被诈巨款

本报讯　住居本城痘司堂街之陈某年少风流，家境尚堪温饱，日前以绿宝茶室举办群芳会唱时内有歌女名云霞者色艺均佳，陈一见倾心日夜到场听唱，动辄特别点唱；任意挥霍，借博引起对方之注意。果是不多日陈竟得与云霞会面，流连绿宝大有乐不思蜀之概。旋以该班在城营业衰落，自收歇后转往沙溪继续开唱。因是陈发生影响未得再与云霞早夕会面，陈以沉迷过甚，跟往沙溪，讵知云霞不在，反被该班班主指陈有拐逃之嫌，百般威胁。陈明知对方改设陷阱亦难抗辩，结果陈被许五十万元了事。但此事发生后街谈巷议，无不引为趣闻云。

1945 年 6 月 9 日《太仓公报》第二版

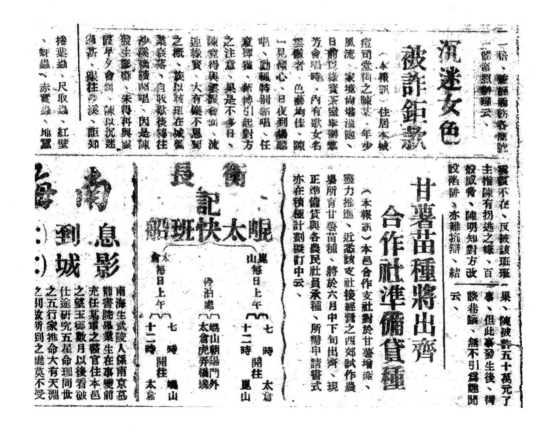

无赖逞暴欺压农民

借款六万期仅一月，强索利息二万余元

本报讯　第一区小北乡第四保居民李惠甫平时不务正业、素性凶暴，邻里咸畏之若蝎。上月间有同乡五保陈宝华者因农事上需要曾托李惠甫转商严姓借贷六万元，以济燃眉之急，在交款时双方含糊其词，仅说定借期一月，并未明言息金几何，迨到期归偿时，李始言非加倍取息不可，陈骇极无以为计，因此双方发生争执，几致动武。旋经旁人竭力调解卒由陈宝华交付李惠甫正息二万元外，再加手续费二千五百元，一场风波遂告平息云。

1944 年 12 月 23 日《太仓公报》第二版

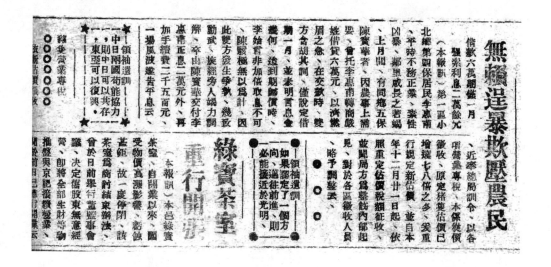

误触机器碾断手臂

本报讯 广东人郑新豪，十七岁，现在本邑西郊镇太丰纺织厂充当练习生，于本月十六日天将黎明时□□在机房工作，偶一不慎误触网丝车，手臂突被碾断，血流如注，痛极不省人事。当由该厂负责人立即将伤者舁送城内惠泉医院救治，旋因该院设备欠全，经转送盟邦病院求治，本予尤□尽力担任，自施用大手术包扎后，经过极为良好，目前已无性命危险。一般民众闻讯后，对于盟邦医官如此热心援助，无不表示钦佩云。

1945 年 6 月 19 日《太仓公报》第二版

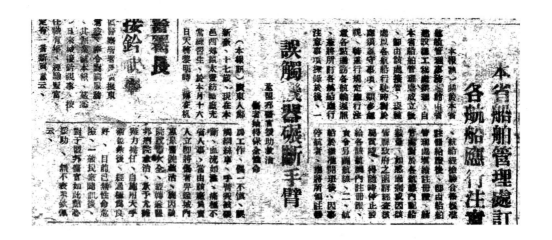

玉骆驼有出国说

本城南国商店玉人张君伟偷窃张姓窖藏一案，经过情形业已详见本邑各报，张所窃之赃物一部已退还失主，而传家宝贝汉玉骆驼及翡翠饰物若干件之下落，张始终未肯吐矣。窃案传扬后张为掩耳盗铃计，曾雇佣掏沙船六艘，揭言打捞玉骆驼，同时社会盛传玉骆驼实在七爷处。因此七爷仓皇出走赴沪，而玉骆驼之下落反无人追问。近日传沪上前法租界某古玩铺中曾有是项古物发现，并有既为美国古玩商以二万元美金（约合国币二万万元）购进之说。失主张上校维璜在京服务，以传家宝物尚未合浦珠还，已由前日兼程返里，即将向县司法呈送诉状，惩办窃盗者，追还原赃，而对于专收赃物之汉奸土贩等痞类拟予以检举，为邑民除害云。

1946 年 4 月 9 日《民声报》第一版

赵桥乡顾姓家　发现涌泉一处

太县第三区赵桥乡第一保顾姓农民家附近，发现仙水一处。记者为好奇心起见，特趋前答问，该处为一田埂边堆，洞深约半尺许，直径一寸有奇，水汩汩由洞中涌出，清澄可鉴。据乡人谈：此种水名为仙水，可治一切艰难奇病，无论内服外敷均有奇效。乡愚之谈甚为可哂，唯平地涌泉究属因地脉关系，抑别有他故，尚待博学君子加以研究焉。

1946 年 4 月 25 日《平民日报》第一版

沙直公路人力车夫聚众要挟
七十余人拦阻汽车

本报讯 沙直交通全持人力车代步，沪地回沙之客因锡沪路终点仅至直塘站止，故需赖此辈人力车为之转辗。若遂天雨或行李较多之时，此短短几华里之代价非五六千元不办，行旅苦之。两路联运处徇沙溪人士之请求，顾及人力车夫之生计，仅每日末班车直驶沙溪终止，而车夫方面犹为不满。讵于前晨（十九日）沙溪早班车二辆开出时，行至纱厂后面突有人力车夫七十余人声势汹汹阻住车辆，不放前进，为避免冲突暂行停滞静待解决，午时尚未驶行，直至沪车到直下行车方得开去，致乘客特别拥挤。希行政当局予以合理的解决云。

1946 年 9 月 20 日《太仓明报》第三版

乡民因案被押　乡长借端勒索

沙溪讯　本县第五区三里乡保长李文龙、杨祺华、邹某等三名前因被人密报有通匪嫌疑，被当地警局拘解县府侦讯。李文龙等家属方面甚为惶急，恳请三里乡乡长徐祖洲转呈县府，证明李等确系善良农民，并无通匪情事。讵徐乡长向李姓等三家勒索"盖印费"十七万元及车马费廿三万元。事为本县保安队张大队长得悉，大为震怒，乃面谕李姓等家属将被害情形呈报。李姓等已据实详陈，闻已转县法办云。

1946 年 11 月 15 日《太仓明报》第一版

陆渡乡何家村前晚发生火警

陆渡讯　本乡四保何家村，于八日晚不慎失火，一时红光烛天，邻近居民纷往抢救，历一时余始息，计被焚去倪姓冯姓草屋二长埭，及屋内农具什物付之一炬，并焚死壮猪一只，大约损失时值数百万元之谱云。

1947 年 4 月 13 日《太仓明报》第三版

陸渡鄉何家村前晚發生火警

（陸渡訊）本鄉四保何家村，於八日晚不慎失火，一時紅光燭天，鄰近居民紛往搶救，歷一時餘始息，計被焚去倪姓馮姓草屋二長埭損失不貲，及屋內農具什物付之一炬，並焚死壯豬一隻，大約損失時值數百萬元之譜云。

自衛槍枝管理條例（下）

—— 自五月一日施行 ——

第八條，自衛槍一枝，發給一……外之各式自動步槍，輕重機關槍，炮類及其他新式武器及彈藥等。

二，未經核給照及起碼之自衛槍彈。

第九條，自衛槍枝軀用……前項槍炮彈藥，省或院轄市政府得准收繳，及保安部隊之用，其辦法由內政部及主管軍事機關會同主管軍事機關定之。

第十條，自衛槍枝所配子彈，步槍馬槍不得超過一百發，手槍不得定逾五十發。

第十一條，凡受查驗給照之自衛槍枝，政府應保留之目，期因軍事國防之需要，合行遵照，令仰遵照……其辦法如後，（一）政府各機械於抗戰時期，期因軍事國防之需要，而徵收或征用之土地，現仍須繼續或征用永久使用之必要，其土地如原關係征租金，無償徵用者，應即依法……

第十二條，主管查驗官署應……除分令外合抄發原，並免予烙印及詳細查驗。各省執照由內政部印製……新式槍照收費五元。

第十三條，主管查驗之……會同主管軍事機關定之。

第十四條，各級警察機關因……維持治安，必……得派員檢查自衛槍枝及執照，於每期辦理槍枝查驗給照時發後，應列冊……並造具全境目……槍枝彈藥總清冊，轉報內政部及主管軍事機關備查。

刘浮汽车倾覆

刘河讯　刘河至浮桥段公路，自协大汽车公司行驶以来，交通堪称便利。唯闻该公司副经理仇兆贵近与上海某三轮卡车秘密结合，因此三轮卡车近在该段路线往来搭客，络绎不绝，致遭协大公司各股东之反对，将进行交涉。并闻本月十二日下午三时许，有自浮驶刘之三轮卡车一辆，行经茜泾地方，因搭客过多铁板损折，车身突然倾覆，乘客刘某与一青年军人均受微伤，未肇巨祸，咸称幸事云。

1947 年 5 月 17 日《太仓明报》第一版

争看龙舟竞渡桥梁突然中断

　　沙溪通讯　　本镇西河南街太平桥跨越南横沥河，水流汇入戚浦大塘，地当水陆两路要冲。该桥曩昔本为石建，以年久失修，于十年前即告坍毁。虽经已故棉商李铭新独资重建，改为水泥桥塅，松木其面，无如该桥因行人往来频繁，桥脚日渐倾斜，颇有不支之象，屡经酿资修理，差堪维持。本月廿三日（端阳节）本镇举行龙舟竞渡，倍形热闹，该地以地处冲要，戚浦塘两岸人山人海。当下午三时许，观众麇集桥上，争睹龙舟，俄而轰然一声，该桥靠北桥径突然中断，桥面随之倾侧。幸赖桥栏支持，未酿人命，亦云幸事。旋由当局将两桥塅加以遮蔽，阻止通行，以免遭受危险云。

1947 年 6 月 26 日《太仓明报》第二版

光无化日之下蓬新发生抢亲

蓬新讯　本乡第三保居民陈桂全子阿三业理发，幼时与同乡第七保居民赵仁福之妹订婚，但阿三因家境贫苦迄今尚无力迎娶。近经向当地有力者商讨后于本月十日晚间，由阿三带领朋友数人前至赵仁福家内，将其未婚妻抢至家中草草成婚，事后一幕抢亲案传遍乡里矣。

1947 年 9 月 19 日《太仓明报》第二版

万人空巷看巨"鼋" 夫子庙骤然热闹

本报讯 本城夫子庙前泮水池中向有鼋两头，潜伏池底，历经变乱幸获保存。每值盛暑，该鼋辄浮游池中，路人道经其地必欲一睹为快。该鼋体大如桌面，头部红色斑烂，目光炯炯，背部寄生物矗矗，估计重量常有二百斤之□。观众投以糕饼即张巨口吞食，板齿长若发梳，见者莫不咋舌。前日下午一时许，天气燠热，是鼋又浮于水面，旋由好事者将该鼋设法捞至岸上，陈列于夫子庙内任人参观。一时闻讯往观者肩摩踵接，殊为热闹。据闻曾有好奇者衡其重量计九十七市斤。昨日午后仍将该鼋放回池中，以资保存古迹云。

1948 年 7 月 9 日《太仓明报》第二版

南广寺发现猴子

蓬新讯　本乡南广寺古刹，兵燹前颇具规模佛像庄严，主持僧为达图和尚，该僧年事虽轻颇有高僧气概。前（十五）日该寺中突来野猴一对，据乡人云：项间系着约五寸长之绳子一根，攀缘上树，灵活异常，寺僧见之不知捕猴之法。忽于日昨被人用花生引诱，捕往沪滨，唯该猴究从何来，亦去奇次。

1948 年 8 月 21 日《太仓明报》第一版

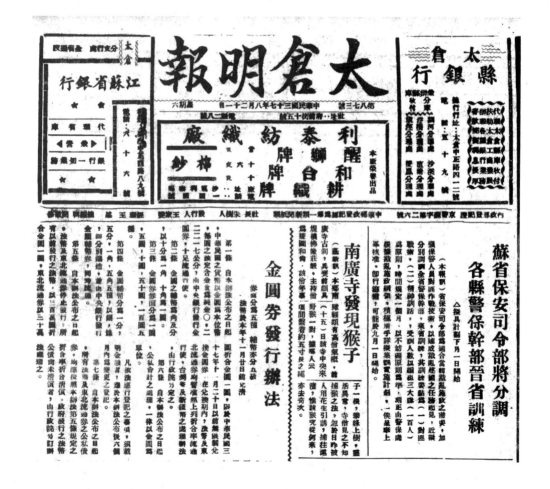

文教简讯

民众教育馆试办实验农田

城区民教馆本学年自九月份起举办识字班两起，学生达三十余人，已于上月底举行结束。测验各班成绩极佳，同时教导股并举办同乐会以资鼓励，各生倍感兴趣。又该馆本年度开辟之实验农田一坵，在公园河西播种小麦。现届冬至腊初，生计股已从事耘草与施肥等工作云。

1942 年 1 月 15 日《太仓新报》第二版

教育界又一难题　教科书垫款为难

　　本邑各小学所应用之教科书，自事变以来历由教局向三通书局太仓支店文明书室特约代售，尚称便利。今春亦然，乃开学已久，教局忽接奉省令，令前往缴价领书，约需一万余元。奈是项书籍业经于开学时全部购用，已并不需要，当由局长赴省声请退回，据悉并无效果云。

1942 年 4 月 13 日《太仓新报》第一版

颐园书画古玩社成立

　　前第一区长金干树自辞去区长职务后，摆脱行政致力于书画古玩，兹借武陵桥北银光照相馆楼下专营买卖书画古玩及珠翠宝石等品，并欢迎寄售，社内备具清茗、围棋，以供文人墨客参观休憩之消遣，即日开幕，凡爱好风雅者可往欣赏问津焉。

1942 年 9 月 20 日《太仓新报》第二版

颐園書畫古玩社成立

前第一區長金榦樹、自辭去區長職務後、擺脫行政、致力於書畫古玩、茲借武陵橋北銀光照相館樓下、專營買賣書畫古玩及珠翠寶石等品、並歡迎寄售、社內備具圍棋、以供文人墨客參觀休憩之消遣、即日開幕、凡愛好風雅者、可往欣賞問津焉。

縣長杯籃球錦標賽
沈縣長親臨開球

（本報沙溪通訊）沙溪體育會主辦之縣長杯籃球錦標賽、預定十五日舉行、因是日天雨、延至十六日舉行、參加者有浮橋璜涇直塘等四隊、是日上午十時、縣長親臨開球、並向各隊球員訓話、十時半開始比賽、當由縣立公共體育場場長陳福炘擔任評判、觀衆達二千餘人、各隊球員、均異常活躍、下午五時比賽完畢、結果錦標爲浮橋隊所得、在觀衆歡呼聲中宣告散會。

二區調整保甲

第二區保甲現狀、茲據保甲指導員王樹民報告、張涇鄉長朱昆初、石橋鄉長政惠民、劉南鄉長施雪紳、桃源鄉長吳國寶、紅廟鄉長羅諤臣、海塘鄉長李增辭、劉河鎮第四保長張聲華、服務多年、深得人民信仰、

遺失良民證聲明

茲遺失一區南鄉六甲十一戶良民證一紙、特此登報聲明作廢。

茲遺失二區柴行鄉四保四甲八戶良民證一紙、特此登報聲明作廢。

茲遺失一區南鄉八保六甲八戶良民證一紙、特此登報聲明作廢。

嚴順元　王汝南　周錫卿

主要特點

女預言家
凌雲女士論相

敵人對你的種種詭計、完全與衆不同。無須人開口、能知你心腹隱情、各界仕女、如有進退難決、可來一談。種原因、定能宣告解決。

民众茶园开唱弹词

（每场由城民馆编送开篇）

城区民敦馆附设之民众茶园，此次聘请姑苏光馀社弹词名家程上之先生弹唱《啼笑姻缘》，以程君来不啻生公说法，舌粲莲花，听众日夜场数百人拥挤异常，并悉每场由该馆编送开篇弹唱，更增加民众兴趣不少，该馆对协助宣传工作之推进亦颇为紧张云。

1942 年 9 月 29 日《太仓新报》第二版

（期五十第） 報 新 倉 太 ［版二第］ ［星期二］ 月二十九日

慈善鄉自衛團 擒獲逃兵二名

暫編綏靖軍獨立第三旅第四團第一營第一連逃兵何永群、陳德寶二名、於九月十五日下午四、在慈善鄉新木橋一帶、向一艘洋船、有勒索情事、被該鄉自衛團擒獲、並在附近捕魚網內抄出步槍二枝、子彈四十五發、旋經駐防東郊之和建軍第二排第九連第一排第九亞聞悉、即到該鄉將逃兵二名、連同槍械子彈、一併押解崑山團本部懲辦云。

對於禾稻、農田龜裂、長此以往、勢必釀成豆災、考其原因、皆由各鄉河道淤塞、非大規模疏淺河道、不足以謀救濟、為農田水利計、乃簽呈縣長、應於本年十月間、先行派員分赴各區、實地測勘、詳擬疏淺計十二月間、詳擬勘勤員疏淺支、

籌組東聯研究分會

稻業中學

派沈鳴同志、前往棉業中學、協助籌組東亞聯盟運動起見、特於二十四日、並請該校姜校長擔任分會長、聞該校刻正積着手辦理、日內即可成立云、

陰生號 紙煙號

施送藥品

本城武陵橋堍蔭生煙紙號、備有中西四十滴水及泄瀉痢疾藥施送病家、惟泄瀉藥服後、須除葷腥油膩七天、成人服一包、臨睡時一次喫完、即開水送下、最好用糯米湯送下、小兒服一包、分兩次喫、重症則須兩包、

五區督催土地陳報

◆◆縣部派員視察區分部◆◆

（本報岳王通訊）本縣第五區公所、為土地陳報限期、急促、特於本月二十二日派助理員張企龍來鎮督催、以便視察一切、並開定二十三日上午、召集鄉鎮保甲長會議云、又訊、縣黨部特派五區黨部主委嚴某、視察本鎮五區四分部、並指導一切云、

農民捉蟹 落河身死

南郊薔五保三甲九戶姚伯仁、年十九歲、夜間恆出外提蟹、於中秋節夜七時左右、出外釣蟹、歷一小時許、未見回家、家人恐有他故、向往時釣蟹地點尋至、關帝廟前、到家宅後、發見、即行下河撈起、兩次喫、重症則須、

民眾茶園開唱彈詞

每場由城民館編送開篇

城區民敦館附設之民眾茶園、此次聘請姑蘇光餘社彈詞名家程上之先生彈唱「啼笑姻緣」以程君來不啻生公說法、舌粲蓮花、聽眾日夜場數百人、擁擠異常、並悉每場由該館編送開篇彈唱、更增加民眾興趣不少、該館對協助宣傳工作之推進、亦頗為緊張云。

书画家叶慎之返里染翰

书画家叶慎之旅居沪上多年，近已返里，仍居南郊镇。叶君对于书画均擅胜长，山水宗娄东，谨严有法度，作画师赵吴兴，尤潇洒可观，兼及诗文，亦复清丽。叶君以前领袖中国商美作家协会多年，驰誉艺坛，兹愿出其余绪与邑人缔结翰墨因缘云。

1942 年 9 月 13 日《太仓新报》第二版

私立棉业中学近讯

私立棉业中学系棉业界巨子姜仲泉君等所创设，原定学额五十名，现有学生八十二名，已超出原额。分二教室，补习生与初中一年级生为一教室，二三年级为一教室。地址在西门内汪园，校舍宽敞，空气充足，每学期学费一百五十元，书籍费免收，校内教员均系教育界富有经验者。

1942 年 9 月 11 日《太仓新报》第二版

私立棉業中學近訊

私立棉業中學、係棉業界鉅子姜仲泉君等所創設、原定學額五十名、現有學生八十二名、已超出原額、分二教室、補習生與初中一年級生為一教室、二三年級為一教室、地址在西門內汪園、校舍寬敞、空氣充足、每學期學費一百五十元、書籍費免收、校內教員、均係教育界富有經驗者、（丙）

莊涇潭疫氣蔓延

南郊鎮西阜橋之西南、地名莊涇潭、農民地植稻田、今歲三伏無雨、農民日夜戽水灌田、其勞苦殊甚、因之發生疫氣、蔓延於莊涇潭之前後兩村、迄至今日、染疫而亡者達二十八人、農民以求神問卜為治病之捷徑、所以求一次神、問一次卜、動需百餘金、是亦農村社會之怪現狀、負民教之責者、急宜設法改造也、

防疫會議追記 續昨

一、分辦事處地址案、議決、一、議各戶居應如何消毒以市場應如何清潔案、決議、由第一區公所暫附設於縣政府徐屋內、防疫病案、決議、由區公所每日散市後、督促各鄉通知鄉鎮保甲長、責令各居戶、鎮保甲長、督促各居戶、最低限度置備蠅拍應用、一、本會應否利用圖記案、戶最低限度置備蠅拍應用、議決、呈請縣政府發應用、一、議各飲食店鋪應如何督以資信守、防改造以重衛生案、決議、一、議防疫經費應如何籌措案、決議、一、露天坑廁應如何督費經費暫定為一萬元、由分飭改造以重衛生案、決議、辦事處印製圖冊、交各機關在公共廁所未普遍建分頭募捐、並由學生組織募捐隊、出動勸募、限半月內由警察局責令各菜館及飲食籌足、全都充作購置防疫治另售商、在食物上加蓋紗罩療醫藥材料之用、以備隨時、以重清潔、一、議城區菜購買石灰、自行消毒、一、館茶館水灶用水、議應否籌設隔離病院案、決議、在公共廁所未普遍建

第一區鄉鎮長會議紀錄

六人、列席四人、主席由區員徐本代、蔞蔣報告事項及討論事項錄后、一、奉令組織公路鄉護路隊及各鄉鎮保甲、二、奉令開辦土地查報、三、八月份戶口異動、四、良民證發出數量

報告事項

一、聯合抽查組、二、論事項錄后、

討論事項

一、愛鄉訓練所三期學員、尚有未送各鄉鎮、應如何處速選送案、（決議）最遲至本月十日須一律送到、二、合作社員名表

決議、擇定本城南閣、為癩病院院址、即日籌備設立

画猴专家王继香拟插入艺大听讲

毛市通讯 国画家王继香世居毛市，为清代国画名家王竹芗之四世孙，现年四十余，秉其家学渊源，潜心研讨颇得精奥，亦以画猴为最擅长，是以各地来索画者颇不乏人。兹悉王君为深造计，拟定期往某艺术大学听讲，将来俾于学理及技术方面谋精进焉。

记者按余于友朋及裱画肆屡见王君所作之《封侯图》，笔法浑秀，形容毕肖，信国画之佳作也，晚近精品已属罕见，故乐为介绍云。

1942 年 10 月 12 日日《太仓新报》第二版

畫猴專家王繼香擬插入藝大聽講

（毛市通訊）國畫家王繼香、世居毛市、爲清代國畫名家王竹薌之四世孫、現年四十餘、秉其家學淵源、潛心研討、頗得精奧、亦以猴爲最擅長、是以各地來索畫者不乏人、茲悉王君爲深造計、擬定期往某藝術大學聽講、將來俾於學理及技術方面謀精進焉、記者按余於友朋及裱畫肆屢見王君所作之封侯圖、筆法渾秀、形容畢肖、信國畫之佳作也、晚近精品已屬罕見、故樂爲介紹云。

生活規約

本報新陣容

浮橋通訊

城民教馆书画展览

△展览期三日，参观者不绝。

城区民教馆征集古今作家书画，举行公开展览。征集以来，收到古今卷册页等计有二百余件，琳琅满目，美不胜收，业于九日起在该馆书画股开始展览，昨日闭幕。各界爱好艺术者前往欣赏参观络绎不绝云。

1942 年 10 月 12 日《太仓新报》第二版

弇北王继香鬻画润格

堂轴：

丈二疋 二百八十元，

八尺二百念元，

六尺一百八十元，

五尺 一百念元，

四尺 一百元，

三尺八十元。

横幅同上，屏条减半。

册叶扇面每张三十元，大册酌加。

手卷每尺三十元，传真写照另议。

泥金、磁青加倍，金各自备，青赤听用。

润笔先惠，约期取件。

民国三十一年重九节定。

1942 年 11 月 2 日《大仓新报》第二版

娄东中学迁入潜园

原有校舍不敷应用　添设男生宿舍

　　本邑棉业中学今夏蒙李省长、唐厅长暨各界热心教育人士之赞助，惠捐巨款允作该学基金。该校姜校长仲泉对于校务教务力图改进外，并将校名更称娄东中学，各项详情已志本报。顷闻本届新生已开始报名，八月一日为考期，报考学生极多且请求寄宿者，该校当轴因感原有校舍（汪园）不敷应用，业经决定本学期迁入钱氏潜园上课，并添设男生宿舍，以便利外埠学子求学云。

1943 年 7 月 31 日《太仓日报》第二版

扇面义卖圆满结束

　　本邑沧江书画研究社举办扇面义卖，购办药品施送贫病，业于本月六日在城区民教馆举行抽签。兹悉该社此次售出扇面合计八十七张，得价二万六千一百元，除购办科发痧药水、雷允上蟾酥丸、雷允上行军散、红灵丹及其他费用外，尚存扇面十三页云。

1944 年 8 月 13 日《太仓新报》第二版

璜鹿篮球友谊赛　海光队初露锋芒

　　璜泾通讯　鹿河海光篮球队成立甫经二月，即于本月三日应璜泾良友队之约作友谊赛。兹探志详情如下：璜良友队实力相当雄厚，据有宿将多员，惜联络欠佳。在海光队猛攻之下，遂形招架困难，二时正由裁判魏杨一声柠檬，鹿队即首开纪录，其后由该队健将李君更单枪匹马建树尤多，堪称骠悍善斗，故上半时即成十四比二。下半时银笛再起，璜良友队重添新军，刷新阵容，大有破釜沉舟之决心，故演来殊见精彩。且终因海光阵线严密，无懈可击，结果以十六对二，见挫于海光队云。

1944 年 11 月 11 日《太仓公报》第二版

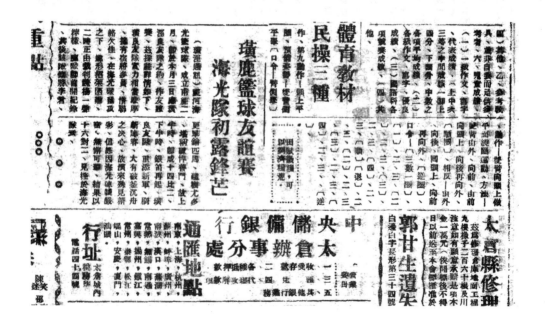

明德初中开校董会

沙溪通讯　本镇私立明德初级中学校业于前日（二十日）下午在该校会议室举行第一次校董会议，各校董大半出席。闻此次讨论各项对于该校经常费一事最为重要，结果仍无解决办法云。

1944 年 2 月 27 日《大仓新报》第二版

邑京剧研究社举行首次彩排

本邑京剧研究社自成立迄今未及两月，在各社员努力学习之下定于本月月十五、十六、十七三日配合佛光大舞台各艺员，假座群乐戏院（县商会内）举行首次彩排。闻此次彩排节目计有全部《甘露寺》《坐宫》《斩经堂》《古城会》等名剧，届时定有一番精彩演出云。

1944 年 2 月 15 日《太仓新报》第二版

沙溪职中原址将设县立中学

沙溪通讯　本县当局为提高文化水准起见，闻于下年度起在东镇创设县立中学，将前职中原址权充校舍。唯该处因遭连年风雨剥蚀，致校舍破坏不堪，据闻现已聘匠估计修葺，需费六十万元左右。至该项经费正由县当局设法筹划。此后莘莘学子不致感受失学之苦云。

1944 年 4 月 16 日《太仓新报》第二版

邑教育局定期举行各中小学校、社教机关成绩展览会

本报讯 本邑教育局为欲深切明了各学校及各社教机关工作实际情形起见，定于一月二十二日举行全县各学校及各社教机关成绩展览会。所有各校馆成绩于各中心区分别展览，届时由教局聘请人员分赴各区评判。经评判后，凡成绩优异者分别给予奖状以资鼓励。详细办法正由局订定印发中，俟探明续志。

1945 年 1 月 12 日《太仓公报》第二版

隐庐、墨园集画展览前日起在图书馆举行

本报讯　近有隐庐墨园假县立图书馆举行集画展览，自前（六）日开始，预定十日结束。闻陈列近代名画不下数百幅，琳琅满目，美不胜收，尤以高西园、任立凡、高南阜、禹之鼎、王椒畦、任渭长、吴昌硕、改七芗、马江香、沈心海等作品最为精湛，连日来各界人士前往观览者殊为络绎云。

1945 年 1 月 8 日《太仓公报》第二版

昆联、省五中篮球比赛
省立五中倖获冠军

本报讯 昆联篮球队于前（九）日来邑与省立第五中学比赛篮球，下午五时在第五中学后操场举行。是日天朗气清，各健儿无不精神抖擞，勇气百倍，当比赛时观众异常拥挤，备极兴奋，结果二七与四五之比，省立五中得分较多，倖获冠军云。

1945 年 5 月 11 日《太仓公报》第二版

图书馆今起举行古今书画展览会

　　本报讯　上海画师吴人文、李文华二君为宣扬艺术起见，特于前日来太携带古今名画数百件，举行书画展览。定于今（元旦）日起假县立图书馆展览三天，欢迎各界人士莅临参观，并加批评云云。

1945 年 1 月 1 日《太仓公报》第二版

省府明令规定各级学校寒假一律定为十四日

本报讯　本邑教育局顷奉省府训令，规定各级学校寒假一律定为十四日，自三十四年一月十八日起，至一月三十一日至。各校不得提前放假及延期开学，如各地方有特殊情形，非事先呈准不得借故变更云云。

1945年1月8日《太仓公报》第二版

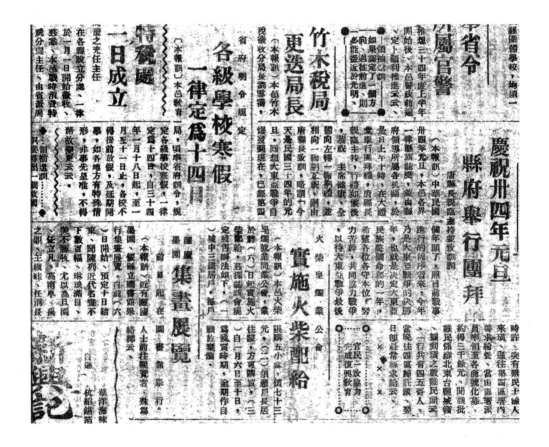

教局规定自下学期起各学校用书簿籍
由本邑书坊代办

本报讯　本邑教育局对于各级学校之用书簿籍素极注意，每于学期开始时期，由局向苏沪书坊采购，负责如期装运来太，供给各校应用。近闻自下学期起该局更为便利各校购买起见，改用本邑书坊予以代办云云。

1945 年 1 月 12 日《太仓公报》第二版

中小学学生制服应采用土布染制
县教局奉令特转饬遵照

　　本报讯　　本邑教育局顷奉江苏省政府教字第五一〇号训令，略以查本省第三届战时教育会议，教育行政组第四案："中小学学生制服，在纱布胜贵之际，拟一律改用土布染制以节约"案，当经议决："一、通令各校尽量采用土布染制，以尚节约。二、制服原料函请青少年省团部转呈总团部酌量配给。"等语，记录在卷，合行录案令仰该局长遵照，并转饬遵照此令等因，教局奉此特转由所属各中小学一体遵照。

1945 年 3 月 1 日《太仓公报》

金门影院开映名片

本报讯　本邑金门电影院所映国产影片都系精选杰作，昨日为该院首次开映名片《苦儿天堂》，因此观众异常拥挤、坐无隙地，咸称该片情节奥妙，描摹街头流浪儿童生活情形，无微不至，洵属难得之佳片云。

1945 年 3 月 18 日《太仓公报》第二版

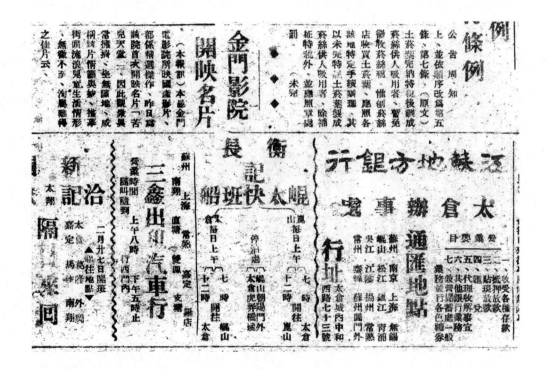

璜泾良友体育会举行篮球锦标赛

璜泾通讯　泾区良友体育会于前日举行篮球锦标赛，其讯业志本报，闻此次参加者有桂村、沙溪、王秀、浦声、海光、健华、椒江等七队。是日阳光炽烈，九时左右各队均前后报到，司令台上陈奖品。十时正开始比赛，各员个个精神抖擞，不惧烈日，斯时观众云集掌声四起。至下午五时始告决赛，结果：何家市桂村队夺得锦标，沙溪队列为亚军。当于第四区署胡区长分别给奖，至七时许始圆满闭幕云。

1945 年 6 月 16 日《太仓公报》第二版

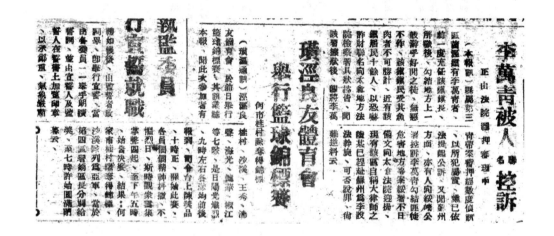

太仓师范定期开学

　　本报讯　　江苏省立太仓师范复校，接收伪省立太仓中学甄审学生学籍暨编级试验各情，业志日前本报。兹悉该项工作业经办理竣事，计录取初中一年级李缤华等九十名，二年级张耀栋等六十五名，三年级黄锡等四十八名。高中师范科一年级吴尧鸿等二十二名，二年级邵沅等十八名。至高中普通科各级学生，由该校呈报省政府教育厅分发其他各省校肄业。并闻该校定十二月一日开学，三日正式上课云。

1945 年 11 月 28 日《太报》第三版

邑省立太仓师范将于本月中复校

　　本报讯　　在抗战前本县原有省立太仓师范一所，后以太邑为战区重地，该校由顾校长克彬设法迁至上海蒲柏路大厦上课，直至三十年冬上海沦陷，校务遂告停顿，师生星散。值兹胜利来临，省方计划复员工作，教育方面亦次第实行，我太仓城内之省立太仓师范校长兹悉业经委定仍由顾克彬继任。并闻顾氏前日曾派旧教员董志尧莅太调查该校原有之校舍、校具、图书、仪器以及教师、学生等一切情状颇详，并进谒县政当局，面请协助复校工作，业已公毕返省复命。兹据记者探悉：将于本月中旬由顾校长暨该校旧教职员等率同省立第六临时师范学生来太，暂用太师附小校舍复校上课云。

1945 年 11 月 1 日《太报》第三版

娄东中学全体师生欢迎校董吴雨霖氏

本报讯 本邑娄东中学于前（十）日午后五时左右，欢迎该校校董吴雨霖先生，并在该校大礼堂举行欢迎仪式，出席该校全体师生暨来宾数百人。行礼如仪后由该校主任唐祥伯先生致欢迎词，略谓校董奔波辛苦，能抽暇指导我们，我们当怎样向校董致谢。旋由吴校董致训词，语多激励，备极恳切，直至万家灯火时始告休会云。

1945 年 11 月 12 日《太报》第三版

城中民教馆举办献书运动

本报讯　城中民众教育馆为便利民众阅读书报起见，特设民众书报阅览室。所备杂志自须按时更换，以增进阅者兴趣。兹闻该馆鉴于值此教育经费支绌，无力尽量购办，不得已举办献书运动，俾谋补救，业经印就收书登记簿分函本城有关方面，特予赞助云。

1945 年 11 月 24 日《太报》第三版

太师附小校长省派张粒民充任

本报讯 省立太仓师范附属小学校校长，由省派张粒民充任，闻张校长奉委后业已到校视事。并闻该校于即日起开始招生，积极准备下学期开学手续云。

1946 年 1 月 30 日《太仓明报》第二版

省立太仓师范征购旧教育书报杂志

　　本报讯　省立太仓师范学校为本师范区培植小学师资唯一之场所，历史悠去，成绩卓著。战前各项设备应有尽有，即以该校图书而言，收藏图书亦至为丰富，总数达三万册左右。经此次事变毁损殆尽，虽经学校当局尽力购置，全校师生热心捐赠亦为数有限，其中尤以教育书籍尤为缺乏。兹闻该校图书馆鉴于教育书籍为师范生必需之参考书，最近拟向各界广为征集。不论各种旧教育书报杂志，均所欢迎，收到后酌给相当代价，以资充实云。

1946 年 3 月 30 日《太仓明报》第二版

北郊古墓又出墓志

迩日县立图书馆狄馆长，本报陆总务等联袂分赴城郊，访古探幽。先在北郊萝卜湾北首发现熊母宋氏淑人墓志铭，已将全文详纪本报。昨午后该馆施馆员等同行在大北门外访得张修撰墓于李王庙东南，翁仲石马皆已仆，墓域变为麦田，碑碣尚未寻获。并在古塘附近农家得见墓志二种：一为明故郏处士圹志铭，一为明故毛孺人墓志铭。其毛孺人墓志，撰文者为邑人陆昶，书丹者为胡承，篆盖者为郭经。因倒砌在羊棚壁间，检视不易，俟设法录出后另再披露。兹将郏处士圹志铭全文刊布于后，以饷同好，不独为吾娄珍贵文献，且可补安节遗文之佚，至元朱节妇茅氏墓、海道万户柴廷富墓亦拟一为寻访云。

明故郏处士圹志铭

邑人龚翊大章撰文并篆盖

中书舍人蒋靖以嘉书丹

（墓志铭全文略）

1946 年 4 月 20 日《平民日报》第二版

伍胥小学重复旧观当地父老额手称幸

伍胥通讯　本乡伍胥小学于沦陷期间校具设备均为不肖之徒毁卖殆尽，学龄儿童亦大多因循失学，对于教育前途日形衰落。胜利后各地纷纷复校，伍胥小学校长乃由本乡许在林担任，许君学历深邃，执教多年，沦陷期中因不肯为敌寇施行奴化教育舍儒习农、力耕而食，闭门箝口者八九年。自本年担任本乡校务后锐图进步，不遗余力，各保学龄儿童闻风继至，刻学生已达七十余名。弦歌诵读之声达于远近，故本乡父老咸额手称诵，谓今后教育事业定有相当之发展云。

1946 年 4 月 28 日《民声报》第二版

名艺术家杨祖述妙迹远布海内外

　　太邑名艺术家杨祖述前自丁丑事变故乡沦陷，戊寅四月溯江抵汉，入励志社服务。旋往重庆肄业国立中央大学艺术系。庚辰岁毕业后，返社服务。继调赴滇、桂战地服务团工作数年中手绘农家乐卡通（同时十人分担），描述农村抗战故事。历周岁余方成，又尝为盟国首领油画像及应盟军中陈纳德（飞虎队长）、史迪威·麦克鲁·汤姆司·米特登诸将领之召写照传影，先后荣获褒状。……近以祖妣徐太恭人营葬，始行遄返云。

1946 年 5 月 11 日《平民日报》第四版

农家乐卡通

名藝術家楊祖述
妙蹟遠佈海內外

太邑名藝術家楊祖述，前自丁丑事變，故鄉淪陷，戊寅四月溯江抵漢，入勵志社服務，旋往重慶肄業國立中央大學藝術系，庚辰歲，返社服務，繼調赴滇·桂·戰地服務團工作數年中手繪農家樂卡通，（同時十人分擔），描述農村抗戰故事，歷周歲餘方成，又嘗為盟國首領油畫像及應盟軍中陳納德（飛虎隊長）·史迪威·麥克魯·湯姆司·米特登諸將領之召寫照傳影，先後榮獲褒狀，近以祖妣徐太恭人營葬，始行遄返云。

城區婦女分會
加緊策進工作

太倉縣婦女會城區分會，於上月改選理事五人，後補理事三人，並互推吳鶴鳴為常務理事，接續召開第一次理

談談尊師（續）

我們的生活還不及一個乞丐，說話，我們對我們教的孩子，就是人家的心理，原來他們當然，也有同情我們教師的熱心人士，發起「尊師」，辦法是獻米，獻金，目的是要改善教師的生活，當然身處現在社會的教師，是誰都樂聞而贊同的。

「世風日下」！

我們沒有辦法，祇得歎一聲：

一個攝三！

而社會人士當然又把我們看作不如一個乞丐嗎？

「流氓」了的教師也真

漫画名作家张文元廿九日在沪举行个展
大战画史已开始预约

漫画名作家张文元，邑之毛市人，前在大后方时历任中央民教馆艺术组主任，美国新闻处心理作战处主任，并先后参加《抗战画报》及政治部第三厅工作。迨光荣胜利，今春始由昆搭机归来访视亲友，旋即回沪。兹悉张氏将于本月廿九在上海举行个展，定有一番盛况。甚盼出其余绪，将八年来作品携回太城展览，一饱邑人士之眼福也。又悉张氏主办之上海联合画报社为综结二次世界大战留下完全图画史料，出版舒宗侨偏著《第二次世界大战画史》。……连日各学校图书馆、工商团体向上海百老汇大厦该社预约者，甚为踊跃云。

1946年5月13日《平民日报》第二版

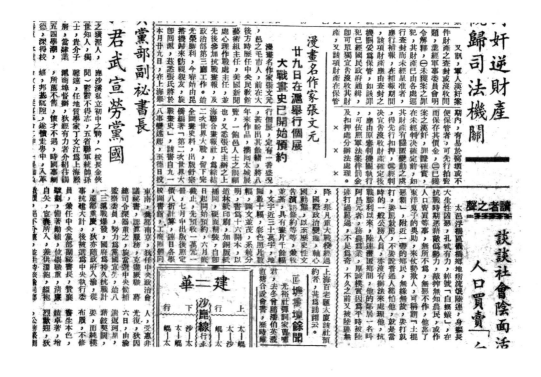

教室突然倒塌　师生八人受伤

　　沙溪讯　沙溪县镇国民中心小学一、二复式教室（会客室东）突于前日（十八日）下午三点十分倒坍。时该教室适有教员吴伟曼监视值日生工作，致教员与七名儿童全部受伤。当由校方急召医生来校诊视，各生均头部击伤，经医师包扎治疗，即由各该家长领回。本镇各机关闻讯后驰往察看，究其倒坍原由系该区正梁南端、包墙内接筍处腐烂所致。唯众信该层建筑仅二十三年，事前亦绝无倾圮之象，突然坍塌或有鬼神作祟。事后吴校长特向受伤儿童家长慰问，并将经过情形具文向县府具报云。

1946 年 5 月 24 日《民声报》第二版

浏河足球友谊赛朱恺老行开球礼
南翔"剑华"队战胜浏河"自强"队

刘河讯　廿三日下午四时，南翔"剑华"足球队到浏河与浏河"自强"队作友谊赛（时间□十分钟，二次）。第一场平手，第二场剑华胜二球。由朱恺老行开礼云。

1946 年 6 月 27 日《太仓明报》第二版

《新太仓》出版

　　新太仓学社独立刊行之"新太仓"半月刊第十二号昨已出版，内容有胡佐文《向沈县长进一言》、顾社长《八年教学生涯》、龚炯《从清查学田到查清学田》、陆遵望《扩大民主思想》、白朗平《一剪刀》。该刊系非卖品。

　　　　　　　　　　　　　　　　　1946 年 6 月 5 日《平民日报》第一版

鹿河青年发行《鹿鸣》文艺月刊

鹿河讯　本镇青年团及业余青年平素爱好文艺，雅喜写作，爰有"鹿鸣文艺研究社"之创设，借以相互切磋。几经筹备前日始告成立，并发行《鹿鸣月刊》油印刊物一种，创刊号业已出版。内容颇为丰富，分有"短论"、"漫谈"、"诗歌"、"随笔"等数项，共二十余篇，尚见精采云。

1946 年 8 月 24 日《太仓明报》第二版

文庙修理粗告完竣　孔诞节将举行谒圣

　　本报讯　本邑文庙自遭敌寇蹂躏，破败已极，明伦堂及两庑柱子被骡马啮蚀过半，有倾圮之险，临参会有鉴及此，特组织文庙整理委员会，推定王家文、朱铁英、王梦龄为整理泮池石栏配齐，然后由棂星门、大成殿及明伦堂等择要次等修理，粗告完竣。四配十二哲牌位亦重行髹漆，两庑先喆先贤，以位数过多，改为总位，均焕然一新，闻本月二十七日孔诞日，将由临参会县党部发起，会同各机关团体学校举行谒圣典礼云。

1946 年 8 月 21 日《太仓明报》第一版

县图书馆曝书　暂停开放十日

　　本报讯　本县图书馆所藏书籍聚自劫余，已达旧时三分之二以上，为邻县所不及。唯伪馆时期多年未晒，向例曝书由县拨结特资，此次县方未曾拨款，由狄馆长函请尊师运动委员会拨发事业费四万元勉予办理。藏书数万册分摊晒，自楼上移至楼下每日二次。当此骄阳逼人殊为劳苦，且馆址不大，晒场与阅览室未能隔离，为防止遗失及散乱起见，由馆方呈准县府停止开放十日，自八日起至十七日止，期满照常阅览云。

1946 年 8 月 8 日《太仓明报》第一版

女弹词陈燕君　行将离鹿到直

鹿河讯　鹿河畅园茶室自聘女弹词家陈燕君莅鹿，开唱清代杨案以来每日听客皆告满座。因陈小姐之艺术已臻深境，对于说噱弹唱咸有相当造诣。故一般书迷在业余之暇佥以一聆莺声为快。近闻陈小姐因受直塘大新茶园之聘，拟于三日内离鹿前往，届时哄动直塘书迷，当可预卜云。

1946 年 9 月 11 日《太仓明报》第三版

苏中等学校教职员集会为改善待遇向省府请愿

本报讯　苏省中等学校教职员代表于本月二十二日假范公桥省立民教馆开会，计到各代表三十余人，除报告上届会务外，并讨论重要提案。闻因待遇及生活补助问题于下午四时齐向省府请愿，主席公出，由陈秘书长接见，允将代表意见转请核示云。

1946 年 10 月 26 日《太仓明报》第三版

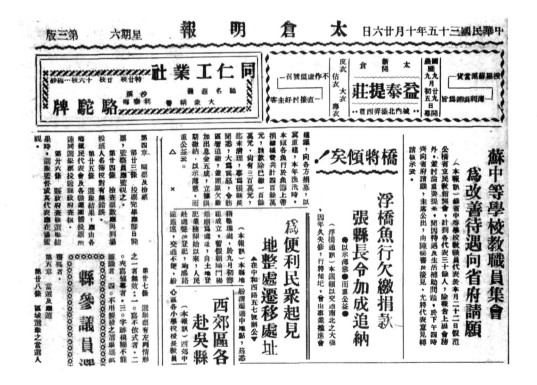

太师筹备开校友大会　明年元旦后一日举行

本报讯　本邑省立太仓师范学校，依据学友会筹备会议之决案，定于卅六年一月二日下午在该校召开江苏省立太仓师范学校校友大会。凡已缴校友登记表、通讯地址明确者，由校寄发开会通知书。与各埠负责校友再请转发当地各校友，并刊登《申报》《中央日报》及本地《太仓明报》以资周知。大会开会时校友到校，由招待组负责招待之责，指定膳食地点，届时凡太、嘉、宝、崇起以迄现在之校友，团聚一堂，必有一番盛况云。

1946 年 12 月 11 日《太仓明报》第三版

西园书社弹唱《珍珠塔》《落金扇》

本报讯　本邑西郊镇戏院自前奉令停演后，致无娱乐场所。西园茶社主人金志飞有鉴于斯，并应各界人士之商请附辟书场数月于兹，生涯鼎盛。近聘书坛前辈姚文卿后裔文荪先生率女公子蠡君小姐至场献艺，日场为珍珠塔，夜场系落金扇。咬字颇为准确，喉音亦甚清晰，并擅徐调，至为动听。尤以蠡君小姐丰致嫣然，珠嘱玉润，演说人物殊能逼真，颇博得听众好评，以故生涯鼎盛，乃为西园自设场以还首档之好书云。

1946 年 12 月 14 日《太仓明报》第三版

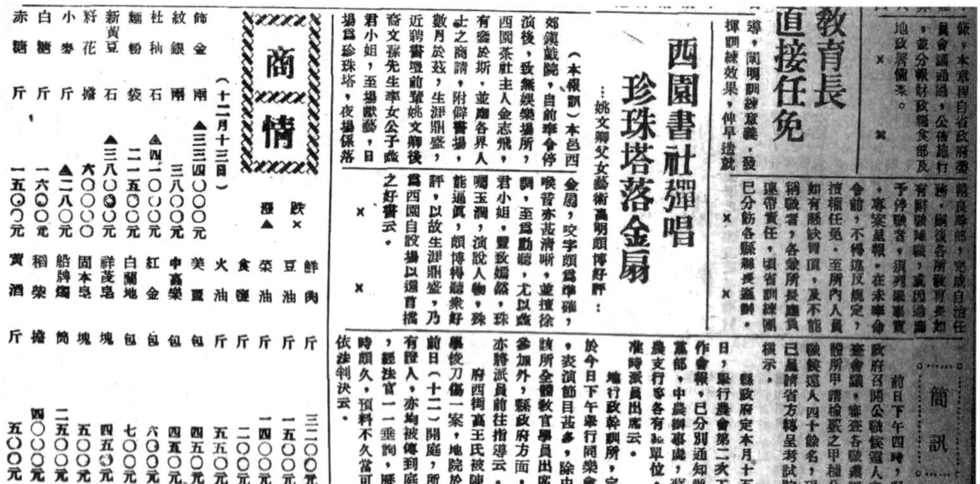

西園書社彈唱
珍珠塔落金扇
…姚文卿父女藝術高明頗博好評…

（本報訊）本邑西郊鎮戲院，自前奉令停演後，致無娛樂場所，西園茶社主人金志飛，有鑒於斯，並應各界人士之商請，附辟書場，數月於茲，生涯鼎盛，近聘書壇前輩姚文卿後裔文蓀先生率女公子蠡君小姐，至場獻藝，日場爲珍珠塔，夜場係落金扇，咬字頗爲準確，喉音亦甚清晰，並擅徐調，至爲動聽，尤以蠡君小姐，豐致嫣然，珠囑玉潤，演說人物，殊能逼真，頗博得聽衆好評，以故生涯鼎盛，乃爲西園自設場以還首檔之好書云。

縣政府定本月十五日，舉行農會第二次工作會報，已分別通知縣黨部，中農銀事處，蘇農支行等各有關單位，准時派員出席云。

地行政幹訓所，定於今日下午舉行同樂會，表演節目甚多，除由該所全體教官學員出席參加外，縣政府方面，亦將派員前往指導云。

府西街高王氏被陳學俊刀傷一案，地院於前日（十二）開庭，所有證人，亦均被傳到庭，經法官一一垂詢，歷時頗久，預料不久當可依法判決云。

商情

（十二月十三日）　漲▲　跌×

飾金	兩	▲三三四〇〇〇元
紋銀	兩	三八〇〇元
杜秈	石	▲四一〇〇〇元
麵粉	袋	二一五〇〇元
新黃豆	石	▲三八〇〇〇元
籽花	擔	六〇〇〇〇
小麥	斤	▲二八〇元
白糖	斤	一六〇〇元
赤糖	斤	一五〇〇元
鮮肉	斤	三二〇〇元
豆油	斤	一五〇〇元
菜油	斤	一四〇〇元
食鹽	斤	二〇〇元
火油	斤	五五〇元
美麗	包	四五〇元
中高樂	包	四五〇元
紅金	包	六〇〇元
白蘭地	包	七〇〇元
祥茂皂	塊	四五〇元
固本皂	塊	五〇〇元
船牌燭	筒	二五〇〇元
稻柴	擔	四〇〇〇元
黃酒	斤	五〇〇元

邑县立图书馆运回存沪书籍

　　本报讯　本县县立图书馆在抗战前所有乡献珍本书籍，因运沪参加陈列文献展览会，旋战事猝起未及运回，由旅沪同乡朱恺俦先生保管。自胜利复员以后，狄馆长得悉前情，一再与朱氏函商，并向前馆员吴雨苍烈士家属觅得吴氏亲笔目录一份，即经呈县请拨运费川资，定期赴沪点收运回。业经县府照准，并拨发添购新书费六十万元。现狄馆长已起程赴沪办理一切手续，大约有三数日之勾留云。

1946 年 12 月 29 日《太仓明报》第一版

古今名人书画展览会

城中民众教育馆为提倡艺术教育，增进民众欣赏艺术起见，预定明年元旦在馆内举行古今名人书画展览会。已先期分函邑中珍藏家，如有蒐藏故乡先贤法书名画及忠烈之士遗传翰墨，攸关吾娄文献者，送馆陈列，更所欢迎。届时胜会，定卜一番盛况云。

1945 年 12 月 13 日《平民日报》第二版

许瘦蝶保存文献　鹤市志略将刊印

　　岳王通讯　岳王旧有《鹤市志略》三卷，为乡先辈周谔臣昆仲所辑，盖就乾隆时里人林启明所著《鹤市纪略》增册而成者也。是书向未刊行，即传钞本亦绝少。吾乡许君颂和，鉴于遗稿易湮，为保存文献计，特发起付印以广流传。闻先征求预约，俟集有成数，然后醵资开印。预约期以农历二月底截止，如有同志欲得者，请速洽订，幸勿失之交臂也。

1947 年 2 月 6 日《太仓明报》第二版

许瘦蝶努力著作岳市续志将成书

　　岳王通讯　　岳市志自经乡人士发起合力付印，并征求预约以来，截至现在预约已逾百部。唯周志以道光八年为止，今由许君瘦蝶担任续修，自道光九年起至胜利后止。一面采访，一面撰述，并有乡人士力助搜求，续志不日可告成书，闰月中当可付印，望速预约。

1947 年 3 月 7 日《太仓明报》第三版

《太仓教育》已出版　存册不多欲购从速

本报讯　本县教育自复员以来，迭经主管长官领导之下，积极整顿，锐意改进。各校设施，渐纳正轨；唯办理状况尚无文字发表，以资研讨。查战前本县教育年有刊印《太仓教育》问世以来，备受欢迎。兹闻县府教育科爰将《太仓教育》重行复刊，业已出版多日，每册定价仅售四千元。兹委托城中民教馆代销，存货无多，欲购从速云。

1947 年 3 月 9 日《太仓明报》第二版

苏北画家邵重威将莅太举行画展

本报讯 苏北名画家邵重威先生，名重艺林，此次应嘉定友好之约，刻正在该地城民教馆举行个人画展，已卜得一致好评，载誉之下。闻邵君将与嘉地名画师兼画家韩聘梅女士各出佳作，联袂来太举行画展。本邑各界爱好书画之文人雅士，届时必有一番盛况而一饱眼福。

1947 年 4 月 11 日《太仓明报》第三版

虞山画字唐瘦青在沙溪举行个展

沙溪讯　虞山画家唐瘦青，近应沙溪陆京士、朱树人等之邀，在沙举行个人国画展览会，共携精品二百余件，于四月二日假座东市龚宅展览五天。想吾邑不乏爱好艺术人士，可前往一饱眼福。

太师附小博爱院修理工程已开始

　　本报讯　太师附小校舍在抗战沦陷时被敌寇破坏殆尽，礼堂暨教职员宿舍等全部倾毁无存，平等院毁损较轻，去春复校稍加修理即事应用。博爱院门窗大部毁损，地板楼梯等多亦不全，与半数以上教室无法利用。复员后除楼梯等略予修理外，其余毁损部份无款可修。乃于卅五年四月函请苏宁分署拨发物资，以便修理。辗转经年，始于本年五月间奉拨赈米二百包，当由张校长率同修建委员戴、陈二君赴镇洽领。唯以镇太两地交通阻滞，为节省运费起见，乃于五月廿五日在镇招商承购得款一千九百五十五元。同全部工程需款甚钜，不得不变更计划。将木材物用杉木，以节经费，至楼下东西两间教室仅可略事休整，门窗泥地，则一仍其旧，其他各室门窗仍按原定计划加以修葺，至装配玻璃一项，暂缓举办，全部工程由常厚记营造厂主李鸿昌承制，现已开工，预计在七月中旬即可竣工云。

1947 年 7 月 2 日《太仓明报》第二版

民教馆复馆纪念书画文献展览会

本报讯 本月十日为城中民教馆复馆二周纪念，上午八时举行仪式外，并为提倡民众艺术，发扬地方文献，举办盛大书画展览会，陈列书画及文献作品，多至一百二十余件，参观民众达千余人，终日不绝，盛况空前。兹录其名贵作品之一斑于后：书法方面有查二瞻行书对联，梁鼎芬楷书对联，沈起元行书立轴，翁同龢行书尺页，吴大徵篆字对联，王时敏行书横披等；绘画方面有陆廉夫花卉立轴，吴子深石竹立轴，蒲竹英富贵图中堂，吴俊卿山水屏条，毕竹痴桃花尺页，周志岩山水立轴，吴钟英山水中堂，王敏庵双松横披，盛大士山水立抽，汪声远山水中堂，倪青芷花鸟屏条等，此外并有吴梅邨、陆孟昭、王蓬心、吴参政等巨幅画象，均有名人题签，吴象更出自名画家顾见龙手笔，尤属名贵。按吴、陆画象均为三百年前物，曾参加全国文献展览。其他如盛大士、毕竹痴、沈起元。倪青芷、王时敏等均为本邑名士。吴梅邨诗稿全国闻名、脍炙人口，难能可贵，实为我太仓之名贵文献云。

1947 年 11 月 15 日《太仓明报》第二版

弹词皇后定期开篇　评话刺马诙谐百出

沙溪讯　本镇东市新荟芳园书场，于中秋节前特聘姑苏光裕社评话专家朱伯雄开讲张汶祥刺马，及弹词皇后徐雪月、程红芳二女士弹唱《笑中缘》艺术均臻上乘。一大一小并皆佳妙，一武一文各有苗头，说噱弹唱诙谐百出。该地人士大有自始至终不缺一席之慨，夜场更甚，稍有犹豫即坐无隙地，实开该书场之新纪录，场东陈海和笑口常开。唯徐雪月弹唱开篇在场表示：须择三六九之期方可一奏妙音，而老听客以此为憾事。

1947 年 10 月 13 日《太仓明报》第二版

沙溪掘获铜器系属前代镜鉴

本报讯 前日沙溪出土铜器一节，已迭志本报。近悉本县县立图书馆狄馆长于本月二十一日前往察看，据云是项铜器实属镜鉴，其文字四句明系镜铭，……字为正楷，颇似欧阳率更，文凡四行……下有印文二均篆体，上一印园形为"茗溪"二字，前报作"西溪"误矣。下一印长方形，"蒋惠"二字俱别体，盖出于匠人之手，无足深论。外有方缘阔边，重量较所见汉镜为轻，观其制作当在明末清初之物。狄氏复亲赴出土地点察看，据云在沙溪北弄底，汽车路桥南块，其地为包姓墓，四周丛葬累累，此镜即墓中物。但细察坍出之灰土与朽棺，其安窆时期不出前朝乾嘉之际。狄氏精于考古，其说当属可信云。

1947 年 10 月 29 日《太仓明报》第二版

省立太师校友会决议进行办校刊

本报讯　太师校友会于今年一月二日正式成立，并推选监理事，俾得推进工作。前日（七日）召开理监事会议，是日上午各理监事由各地来太，如苏州之顾仲超、上海之陆长恩、浮桥之王兆元等八人。会议于十时半举行，由顾校长主席，讨论事项多起，决议校友会刊即着手进行，又历年各届之校友急须调查登记，亦已定有办法，约于一月二日之前调查完成云。

1947年12月9日《太仓明报》第一版

书画展览在浏河润资所得助基金

　　刘河讯　刘河镇青年画家王焘，字际尧，早年卒业于美专，后从名画家张星阶先生，游精习翎毛、花卉、草虫，造诣极深。去岁曾赴黄山实地写松，历时半载，可见其对于艺术之进取独具心得。其作品中之各种鹰类匠心独运，此次与浏河前书法名家朱叔湄先生之入室弟子王承堪君，应本镇士绅之请出其精品百余幅，联合于本月十九日假座刘河镇公所礼堂举行书画合作展览四天。闻王君承堪之润资所得，全部移作刘湄初级中学教育基金云。

1948 年 6 月 16 日《太仓明报》第二版

邑县立图书馆印书籍金石目

本报讯　本邑县立图书馆为纪念复馆三周年起见，正在将编就之馆藏书籍及金石目录从事油印，约分两厚册或普通四册，内容详瞻各书籍，暨拓本有旧时收藏印记题识之类，亦均录入，并经中委狄君武氏题签，发行之期当在十月中旬云。

1948 年 9 年 25 日《太仓明报》第三版

评论启事

时评：沙溪镇之窃案频闻

洁

……乃上月杪，县属沙溪镇忽有窃案发生，事主汤姓失窃日用品达五千余金之巨，论地点则在中市大街，论赃物则系笨重之肥皂暨原听火柴及洋烛等件，论痕迹则遗有竹梯一座，穿窗之辈，破屋顶而入，启临街之大门负赃而出，均极显著。以理而论当不难破案，乃延至今日犹寂然无闻，彼职司此项侦缉责任者，其作何感想？

乃距汤姓窃案不两周间，东镇同丰烛号忽亦以失窃闻，论地点则亦在大街，论赃物则系现钞香烟之类，论痕迹则以系踰垣而入。查本案之犯者虽不能断谓定与汤姓窃案有联带关系，但可推知苟汤姓窃案能早破获者，则此同丰窃察必不致发生，斯可断言哉也。

今窃贼在沙溪大胆演出，可谓不啻系向逻者挑衅向逻者示威，彼为逻者哉，纵不为地方计，不为居民之权益计，其对此及身之重大威胁，岂真其默尔而息耶，顾有以奋勉焉。

1942 年 4 月 10 日《太仓新报》第一版

编辑余话

红薇

本报另外一栏，前因出版昆山新闻暂行停刊，业于五月份起恢复，并承社长不弃仍委托编者负责，爰就一月来编辑心得及其困难之处写成余话，以告关心本栏之读者。

所谓另外一栏即是大报报屁股之谓，举凡笔记杂俎新旧文艺小品文字断章零简，都是本栏的绝好资料。

文字以幽默为主而不涉于谩骂，笔调轻松为贵而不流于纤巧，务使新旧贯通，雅俗共赏，但在迩来生活高潮之下，一般作家更没有闲情逸趣来惠赐篇章，所以非常感到稿荒要是让编者一人撰写，充实篇幅则可，精力时间两俱有限，而且一个人的技巧作风总是一致的，怎能常常适应读者的口味呢？

还有一层就是题材的不容易找寻，得了好题材执笔时还要再三审慎，因一则顾虑到人家的吹毛求疵，二则恐怕神经过敏者流，推想入牛角尖里，反抹煞作者本意，真有宁效蛙鸣犬吠等闲莫写文章之感。

此后除请读者鉴谅外，深望各界鸿文多多赐稿为幸。

1942年6月4日《太仓新报》第四版

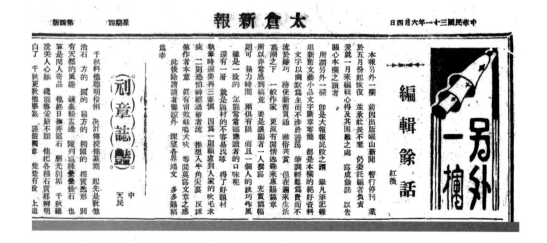

延陵吴氏同族启事

　　谨启者敝族有吴家彦，行为无赖，平日手持宗谱按图索骥，将各房坟树盗卖，复将宗祠树木、石条及装修神龛陆续变卖。现在变本加厉，竟敢纠合多人到祠拆掘方砖、斗华等。目睹情形忍无可忍，若再任其肆行无忌，宗祠恐难保存，不得已于六月六日召集族务会议，议决先以家法处置将家彦出族除名，自今以后族中永不承认有吴家彦其人。除业经呈准县政府备案给示保护外，特再登报声明，嗣后如再有人同吴家彦到祠损坏祠产者定即绳以法律，幸勿再受其愚。务布公鉴。吴斗华等公启。

1942 年 7 月 5 日《太仓新报》第一版

为公园图书馆问题向县教育当局进一言

陆博泉

　　公园为公众人士休憩之所，先进国家虽乡僻小镇不惜大宗款项，均有公园之设置，使业余者有幽静场所，调节其整日疲劳，庶有害之赌博、无益之游荡，不待政府命令之制止，自然趋于淘汰之一途。吾邑城西向有公园，具二十年悠久历史，虽无楼台之胜，雅饶园林之趣。丁丑事变毁损颇多，在敌伪时代秉政者培克聚敛之不遑，当无顾及民众健康之设施，公园保管仅拥虚名，整理修葺绝鲜事实，乃胜利迄今行将半载，本县教育当局想以公务业集，尚未注意及此。吾侪小民为自身为公众健康着想，万难缄默，不容不越俎代谋。如因县费支绌，不妨筹组公园整理委员会集资修理，以期早日恢复厥观。更有进者，府前街慎守堂住宅原为孔氏旧园，载在志乘，鸠工改造之后益复著胜邑中，且余屋甚多，尽可将图书馆迁入办公，以供民众阅览。当二年前兴工建筑时，本人即有将来改辟为东公园之梦想，差幸天日重光，当不难如愿以偿，但望邦人士一致拥护斯项主张，公呈党团，俯顺舆情，领导民众成此伟举，则大幸矣。

1946 年 3 月 19 日《平民日报》第一版

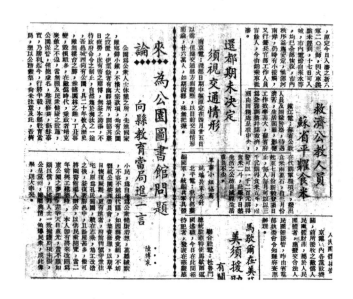

迎五月

仲超

时届五月，杂花生树，落英缤纷，它赋与人们以青春和美丽，也带给人们以慰藉和兴奋。尤其我们中国，对于它更值得纪念和歌颂。

谁都知道，"五一"是世界各国一致奉行的劳动节。纪念劳动节就要励行"三八制"，所谓三八制就是八小时工作，八小时教育，八小时休息。欣逢胜利后第一年的中国，对于这个纪念节，是格外值得宝贵的，因为本来很是幼稚的基础不稳固的中国工业，早在八年抗战中被敌伪破坏殆尽，今后如果想要很快地复兴工业、加强生产，必须从提高工人待遇，改善工人生活和保障工人权益做起，否则的话，大多数工人还是被少数的资本家所奴役所压迫，工业前途是不会有什么希望的。

其次，我还要提一提这个已被人们遗忘的"五三"。当民国十七年五月三日，国民革命军北伐进展到山东济南时，日本军阀暴露其破坏中国统一的野心，嗾使其驻军阻止我们的军队通过济南，并且派了大部军队，擅自到交涉公署搜查，于是交涉员蔡公时等十余人都被惨害。冲突发生后，日方竟还提出五项要求，不待答复，即向济南城开炮轰击，一时军民死伤枕籍，后来我军突围而出，日军便占领济南城及胶济铁路至数个月之久。

我追述此段史实，恐怕二十岁左右的青年是很少知道的了，尤其是在沦陷了八年中成长起来的青年们，怎样会听得见、看得见这一类故事呢？

……谈起"五四运动"不禁使我联想到二十七年以前，即民国八年在东京留学时代的一段故事。大家只知道"五四运动"是民国八年北京大学学生所发动的。其实在五四的前夕，东京的我国留学生曾经举行过示威游行。……当时我们千余留学生游行示威，经过各国大公使馆而至中国公使馆时，我们一群手无寸铁的热血青年屡次和日本军警冲突肉搏，比较激烈者更身系囹圄，备受辱打之苦。……

我追述此段好事时，又使我想起当民国三十二年十二月五日，在上海被敌宪拘捕质询时，也曾将"五四运动"的前因后果告诉他们。他们竟说："那么你们中国人为什么让这般'卖国贼'来和我们日本折冲外交呢？"我们答复是："因为中国那时候还不是一个真正的民主国家，政治操纵在少数军阀野心家手里，人民是无法顾问的。所以你们日本如果不把过去的作风彻底改变，只知道勾结中国的少数败类，狼狈为奸，那么中日两国的国交，决不会创造出新纪元来的。

"五四运动"是旧思想的破坏者，是新文化的创造者。它给予国人以新的血液、新的力量，它把中国从桎梏中解放过来，它怒吼着为民主而奋斗，为自由而革命。即使在现在，我们还需要"五四运动"这种精神！

1946 年 5 月 1 日《新太仓半月刊》第一版

本报重定营业价目预布

一、此项新订价目十六日起施行

二、报费城区每月二元四角，四郊及乡区每月三元。

三、廣告费短期每行每天一元五角，起码四行。

四、长期每月至少二十元，起码三个月。

五、廣告刊费一律先付。

1942 年 3 月 26 日《太仓新报》第三版

本社启事

一、本刊是非卖品，凡本县公教机关，一律赠送；如各人爱好，请附邮寄至本社，当按期奉赠。

二、本刊招登廣告，价目面议。

三、本刊月出二期，每逢月之一日、十六出版。

四、本刊草创伊始，一切简陋，内容编排相去理想颇远，尚望读者指正，以资改进。

1946年5月1日《新太仓半月刊》第一版

写稿公约

一、为老百姓的福利而写稿。

二、内容以暴露现实、批评现实、改善现实为主。

三、文体暂分论文、杂文、小品、特写、报告、诗歌等六种，以短小精悍、越泼辣越好。

四、文字以照白话文为主。

五、言论须公正、恳切，不作无理之谩骂。

六、写稿不限社员，惠稿请寄上海北京西路六五三号本社收。

1946 年 5 月 1 日《新太仓半月刊》第一版

拼着性命血汗　渔民们够苦啊

△为非法抽取税捐向各界呼吁

金耆民上

　　我是一个帆船从业员，为受了浏河水上警察队非法向渔船抽取税捐，敬借贵报一角向各界呼吁。

　　渔汛季节，大小船户都拼着性命、血汗去和怒涛骇浪博斗，换得来一年生活的代价品。我们船舶的建筑设备大多陈旧陋败，所以在汪洋大海中捕鱼真是危险得很。从前抗战期间，遭尽了敌伪摧残欺压，那堪多说，自天日重光后，残喘方纾，饮恨初平，总以为此后可能得到确实保障，今反有非法抽税，苛征的情事，难道法律不能保护我们吗? 现在二讯渔船快回来了，倘长此以往，我们是够若啊!

1946 年 6 月 11 日《平民日报》第二版

提倡农村教育

印隐

　　我国农村教育不能普遍到农村里，致农业的生产不能发展改良。记者近日每于傍晚纳凉郊野，每见二三蒙童，驱牧田间，席地而坐，高唱牌景，声调动听。因此引起我的感想，此种动作可见是缺乏教育的关系，尤其是他所处的环境有连系性的重要。因农村间除田忙外，大都的消遣只有看到小茶馆的赌博，就把这个印象常常的被引进了纯洁的脑海里。他能够把一百三十六只牌都能唱出他动听的声调，显见巧思伶珑，并不是愚蠢的，如果常常把高尚的动作、良好的印象不断的灌输感化他，我想一定可以变更他的思想。所以提倡农村教育是相当重要的。

1946 年 6 月 29 日《平民日报》第二版

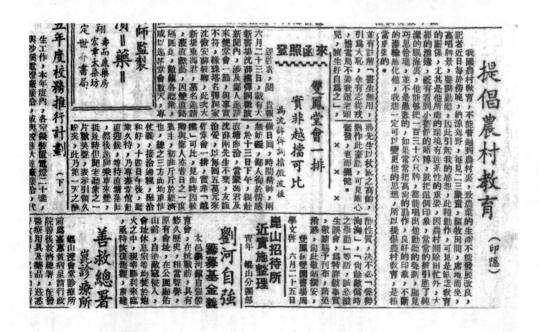

发刊词

《娄风》从前是生息在屋内的，今天初次换了一个新姿态，到社会上和诸君见面了。

它开始踏上文坛，供献给大众，但是我们非常担心，它凭借些什么？它有什么力量？——它在文坛上犹如微小的一点星星，既不能普照整个社会的黑暗，又不能在世态炎凉的人类中给予一点暖意与温存，更不能如太阳一般为万物所钦仰，——实在太渺小了！

然而我相信，它多少还能发出一些光芒，不管它是如何微弱，它至少具有一颗热烈的心；不管它是如何纤小，它至少含有一些正义，不管它是如何的……

这就是我们所凭借的了。

不过它究竟还是个初生犊儿，当然不会使人十分满意，这是不可避免的。见解的幼稚，论调的肤浅，以及措词的粗率都是意料中的事。但是在幼稚中或许可找寻到一些天真；在肤浅中或许可找寻到一些诚挚；在粗率中或许可找寻到一些率真。这都是靠读者们随时予我们以指示，我们是十二万分竭诚接受的。

1946 年 10 月 7 日《太仓明报》第四版

吃饭难

萧萧

吃饭难，这虽是句老僧常谈的话，但而今却成了一般人民普遍的现象了。米贵，柴贵，油贵，菜贵……只要是解决吃饭问题时所必不可少的东西，便没有一样不贵。因为有这些物资的人，觑破这一点，"做了人便得吃饭，要吃饭，便不能不来请教我。"于是朝涨、夜涨，今日涨、明日涨。

现在，一个人单就吃饭一项的开支，就可观了。零碎吃客饭，不要说他，就是家里举炊，平均也非五七十万伪钞一月不可。五口之家也不能算人多，一月便要一百七八十万伪钞了。试问在我们太仓的公教人员，谁每月能安安稳稳的有此收入。

"天下无如吃饭难"，自古已然，于今为烈，怎不令人掷笔长叹。

1946 年 11 月 9 日《平民日报》第二版

征稿

（一）本刊为革新园地，充实内容，爰特登报征稿。

（二）来稿不拘任何体裁及性质，一经录取酌与稿酬。

（三）下列各性质之文字。本刊尤所欢迎投稿，稿酬从丰：

1、自由谈（对现社会应兴应革事项作合理的批评，或对偶发之重大新闻作准确的分析等等。）

2、抗战史料。

3、汉奸们丑行。

4、光复前沦陷区人民生活动态。

5、自由区人民生活动态。

6、地下工作同志的苦干实录。

7、短小精悍、含意深长之小品。

（四）来稿须注明作者真实姓名及地址并签名盖章，以昭郑重。

（五）发表时笔名听便。

（六）稿件请寄：太仓县政府内本报编辑室启。

1945 年 11 月 13 日《太报》第三版

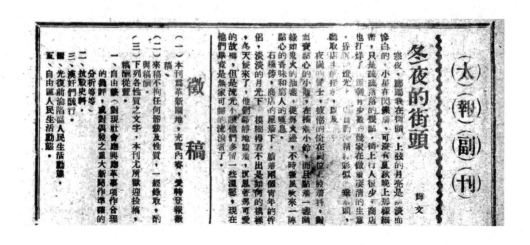

结刊词

娄风自从换了这个新姿态出现在这里，到今天也有了十五期短小的历史，因为寒假就在目前，我们都要回家去度旧历的新年，所以不得不在此告一个段落，而与各位爱护本刊的先生同学们作一个临别纪念。

可是我们在这十五期的中间，实在没有过可贵的礼物送给大家，觉得很是抱歉。

同时，我们觉得抱憾的，诚如小凤君所说："没有达到共同研究写作的目的。"

就只有一点，略使我们安慰：那就是使我们得到一点文坛上的经验和现实的认识而已。

但是我们的心却依旧是热烈得很，我们要以此自励，以此奋发，当达成我们所没有完成的工作。

今天是我们《娄风》和文坛告别的日子，我们别的没有话说，就只希望它发荣滋长快些开出鲜花来。

1947 年 1 月 13 日《太仓明报》第四版

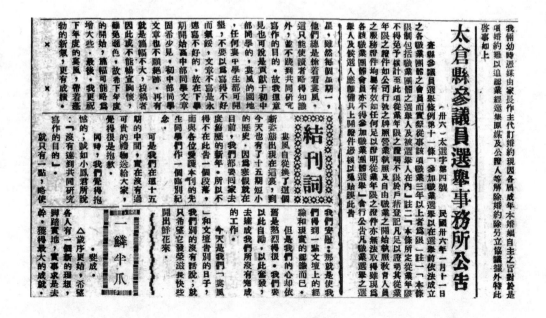

太仓公医院开幕叙言

朱恺俦

我太仓全县人口三十余万，非有一完备之医院不足解决公众之疾病，以前浏河之惠中医院及太嘉宝疗养院两处，一则外人私立，一则三县合办，设备虽较完善，均以偏居东隅不无为缺憾。今则又随战火以消失，益感此事之重要，不容或缓矣。故当恺俦主持邑中救济协会，特爱本敬恭之义，亟亟于中心医院之创设，一再向善后救济苏宁分署申请拨发病床，第以经费之筹集，需时房屋之适当待觅，值张公礼纲来长县政胞与为怀热忱同具先设卫生院为之基础，继即组成公医院董事会，扩大力量筹集基金，又由王院长颂平之努力协助，向江苏省卫生处请到大宗医药器材，商得蒋氏之同意出租园屋应用，……此则为我全邑民众之幸福也。夫以事业之创设不难，难在持久，欲图发展端赖众擎，况经费为事业之母。筹设之初修葺房宇，购备至具……所向各方劝募之数，现又未达始愿，此后经常维持尚无的款可恃，所望邦人士之多多援助，善后有方，俾期日臻稳固，次第推设分院，而为本邑卫生史上放一异彩，不禁拭目以俟之。

1947 年 4 月 6 日《太仓明报》第三版

太仓公医院筹备经过

王颂平

　　……忆去岁十二月十日朱恺俦先生于沪上筹备开发起人会议，同时成立董事会，经推朱恺俦先生为董事长，狄君武、陆京士、狄昼三、张礼纲、王振廷、王家雯、朱树人、王兆元先生等十九位为董事，利用公园弄蒋家花园为院址，暂定基金为五千万元，由各董事及邑里士贤负责捐募，同时向苏宁分署及卫生处申请五十床单位物资之医院一座。会后颂平感太仓人士之热心，当即赴镇报告一切，经陈处长面允救济物资。三十六年元旦门诊部成立，唯前卫生院台凳均感缺乏，更无药械之可言，当即另行添加药械八十余万，草草应付门诊。

　　关于物资方面本院经领共计二批，第一批系于二月五日由卫生处转拨，第二批于三月九日由苏宁分署直接拨助。以后当可按其申请拨助唯此二批物资所缺尚感甚多，当由董事会购买铁床三十只，开刀间购买器械五百万元，以便开幕时之需用，并另行申请开刀用具口套，以补开刀间之不足。化验室用具亦几全备，唯显微镜因价值太高，自备非本身能力之所能及，且分署将来亦可配备，故情商苏州公医院借得高倍显微镜一座，以济目前应用。

　　至于院舍方面，因蒋家花园本已破旧，非加修葺难能应用，故经数度商讨，将请张县长所募将近三千万元之基金及卫生处拨维修经费七百五十万元，□□院舍修理费及开办费。……一月廿八日开标，三月一日动工，目今已修理一新，分隔为头、二、三等病房，暂设病床三十，病房及院方所用器具亦均由新购置，而成一医院之雏型。

　　本院因地处较僻，故人员之聘请较为困难，唯有提高待遇及凭私人之情感方可应聘，目今按地方之急需暂设内儿科、外科、产妇科，内科主任医士沈延履，外科主任医学士卢圣豪，产妇科主任医士任以辰，均服大医院多年，学验具丰，此外内科医学士邹祖绳，外科医院医士邵正均亦服务于医院有年。至于护士方面，多数为无锡普仁医院出身，对于护理工作均甚熟练。故就目前而言，本院之医护人员之聘请水准，不亚于大都市之医院。盖颂平为太仓最完善之医院，医护人员之聘请当力求高明，如此方不负太仓人士之众望也。

西谚"好的开始是一半成功"，今本院开幕伊始，筹备业已结束，各项工作尚待进口，颂平将本全付精神致力于此，并祁邑人予以协助，并时指正，俾使公医院之事业能蒸蒸飞腾也。

1947年4月6日《太仓明报》第二版

太仓公医院开幕纪念 特刊

薛佩琦题

太仓公医院筹备经过

王颂平

忆去岁十二月十日，草庐付门诊，筹办为借题数邀一谈。关于物资方面本院，开购买方计门诊，同时成立董事会，经推朱恺俦先生为董事长，狄君武、狄崩廷、王投廷、王家斌、张……等十九位为董事。

祝公医院成立

梦谕

本邑公医院今天正式开幕了，但规模都很狭小，论起来……

扫荡病魔 为民堡垒

太仓公医院 开幕
太仓明报社

病者之救星 社会的幸福

公医院 开幕纪念
太仓县银行谨启

病家福音

太仓公医院揭幕
王家斌

代邮

公医院 开幕纪念
太仓县农会谨启
四月九日

文艺刊副

九老茶话会

修身（二）

耀彭

  "修身不是自夸说，我若流为乞丐，终有人相以助弱，居未经立德，吾故度其无反身的……法国人俗语说'人须言善'，修身曾效该语给弱居，而弱居不能易其性以报吾，我故深恶之。"……

  "修身万事不争，应俄国人俗语说'苦是苦，终为鹄'，这是我姐姐授我的。修身不像弱居之虽大度而杂骄。弗兰克林说'傲慢为先锋，亦贫必当后阵'，弱居被弗兰克林说到了。"……

  "修身年轻时作事能任劳，不若弱居之厌繁苦而任抛其职。土耳其国人肯劳，原是为彼国有语云'幸福与劳力相伴'。我这点很佩服土耳其人。修身穷子即使富有，我亦不像弱居那样滥使其钱，盖我知李文炤之'俭美德也'。"……

  "修身读过《汉书》，懂得'前车覆，后车戒'的语言，我不踏过失人的覆辙。有难苦我总隐忍，吕本中说'忍之一字，众妙之门'，我多么的妙，你们看！"

  1936 年 1 月 7 日《太嘉宝日报》第四版

夏晚

车夫

　　夕阳照在荒凉的公路上，青草和小石子静静地躺着，让晚风微微地畅拂着它们的身体，一天的疲劳就在这时候得到休息了。

　　远近村庄上透出弥漫的尘灰，屋顶上袅出一道道炊烟，农人们正在收拾着场上余下的工作，预备晚餐了。屋里传出来唤叫声，接着田岸上便有童子牵着老牛归去，剩下光秃秃的水田，田水被整天的烈日晒得在发泡，秧苗都垂下了头一声不响地默祷着夜之降临。

　　水车声停了，布谷鸟声也稀了，天边一轮红慢慢地沉下了地平线。

　　暮色苍茫里，空中升起一层雾罩住乡村，罩住田野。

1942 年 6 月 9 日《太仓新报》第四版

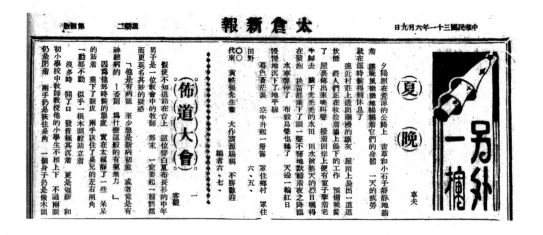

左右人格的伟大力量——音乐

茂良

音乐是起于人类的感情要求，是人类感情最直接的表现。它能修养人们的品格，和鼓励人们的奋发，同时也能引惑人们趋于堕落。为了那些卑劣淫荡的音乐而误却一生的人很多，相同地，受到了高尚音乐的影响而奋斗成功的人，亦不在少数。所以我们可以说音乐是有左右我们人格的伟大力量。

谁都知道，音乐由古代一直到现在，始终是被人重视着、爱好着，它曾被古圣哲认作是道风教育最好的工具，例如中国的孔子，西洋的亚里士多德、李加图等都有音乐为士君子所必修的主张。在西洋认为没有高尚的音乐修养的人，就没有享受高等教育的资格，他们以为一个人不懂得高尚音乐，便很难会有高尚的品格的。由此可以见到西洋人把音乐看得多么高贵重要，这种现象在音乐教育未普及的中国里是没有的。一般人对于音乐的认识还太浅，不知道音乐是一种伟大的艺术，以为不过是一种玩意的游艺罢了。

音乐与其他的艺术一样，可分成内容和形式二方面来讲，前者是专用文句来表达一种意思和情感的，而特别注重词句的的意义，使听者完全集注于剧情文字上，以所述的义理人情来赏音乐；后者是音的升降、拍子的强弱，使我们从音的配合中听出意味来，用音的配合来感动人心，它是离开文学而以音为独立。我们须要明白，音乐最重要的意义，本来是不伴言语文词而由音直接发表感情的一种艺术，音乐的伟大不在于文学的意义，而在其艺术形式上。内容音乐往往受文学的牵制，不能普遍地支配着各及各时代，所以最高级的音乐便是形式音乐。故正当的音乐学习必须先屏去音乐的文句内容，单从音上着手，便会渐渐地发现广大的音乐世界。

1942 年 9 月 13 日《太仓新报》第四版

〔版四第〕　（第四期）　太倉新報　〔星期日〕　中華民國三十一年九月十三日

音樂

茂良

音樂是訴之於人類的感情，是人類感情最直接的表現，一種偉大的藝術，以為本過是一種兒童的遊戲吧！和藹樂人們的音樂，同時可分成內容和形式二方面來講，前者是專用文句來表達，後者是調和的音調，使調和於一生的人很多，相同地，受了高尚音樂的影響而奮鬥。

例如中國的孔子，西洋的亞里士多德，加圖等的一生，以見音樂的偉大力量。

我們人格的偉大力量。音樂，在古代一直到現在，都知道……

短篇創作　青春的火燄（三）

真的悲傷

谷喙

朋友們分別走無窮傷可……

蘇州宏濟善堂太倉辦事處啟事

本報分銷處一覽

酒室铭（仿刘禹锡《陋室铭》）

笑云

天有酒星，以酒而名；地有酒泉，以酒而灵。斯是酒室，唯饮斯馨，山殽干点白，野薮一盘青。谈笑唯杜康，往来尽刘伶，可以说酒话，读酒经；恨拍膝之乱耳。笑拇战之劳形。采石太白楼，滁州醉翁亭。酒鬼云，何戒之有。

1942 年 11 月 27 日《大仓新报》第四版

电影圈

不必问《梅孃曲》的成绩如何？只要看每一位看客从大光明走出来时的眼睛都哭过的，就可知道一部戏的力量了。……

中联公司扩大剧本组组织后，《秋海棠》作者秦瘦鸥亦已加入，马徐维邦完成《寒山夜雨》后，一面积极写《秋海棠》的分幕本，一面时刻留意秋海棠的人选问题，一度有请黄宗江客串，黄宗江也颇愿意担任这个角色，但黄宗江忽于半个月前离沪他往了。现在据各方面的研究，以吕玉堃比较最适合，不过最后决定非开拍之期是不会揭开这个秋海棠之谜的。……

李萍倩的《桃杏争春》已决定农历新年在大光明公映。

朱石麟病已痊愈，但年内不能工作，《良宵花弄月》待明年继续开拍。

《万世流芳》因卜万苍、朱石麟之病，由杨小仲执行导演。

《梅孃曲》导演屠光启将继顾也鲁之后结婚，新娘是谁？岳枫的《自由魂》将让与王引导演。

1943 年 1 月 29 日《太仓新报》第四版

夏夜

程觉初

榴火吐出了红焰，已是炎夏的季节了。

在整天骄阳肆虐下，夏天浪游的唯一时间，是在下午六点钟以后了。沐浴、晚饭完毕后，执了扇子，提了轻松的脚步，彳行到郊外的草原上，去领略晚景的一切。

这时候，太阳已失去了它底威力，面庞已躲到了远树的后面，血红的面颊还射出几丝红光，衬着蔚兰底晴天，反映出极美丽的晚霞，那绚烂的彩云，变化得令人诧异幻妙，同时更使人赞叹留恋。

但好景的不常，一刹那的晚霞顿时化为乌有，太阳终于落到了地平线下面，天色已很模糊了。三五成群的飞鸟匆匆地各回巢穴，四起的炊烟袅袅地绕着远近的村子，夜之神已悄悄地降临到大地了。东山再冉，一轮似镜如盘的明月，起冉地上升，晶晶的放射出银光，普照大地万物的一切，沾雨露，受恩惠。

我继续的前进，从一条曲曲折折的羊肠小道上迂回到一个阒静无声的农家车基旁，我靠水坐在一堆野草上，静静地欣赏夏夜一切的美妙。

仰观流星，静听蛙鸣……

1943 年 7 月 31 日《太仓日报》第四版"仓粟"副刊第二二四期

憧憬

苏呢喃

　　这古城里夜是寂静的，月亮没有升起来，天上迷漫着乌黑的云。王先生给酒搅得昏眩的眼望出去只是漆黑的一片，他的脚差些儿不能支持他底身躯。昏黄的路灯在离开一大段才有一盏发出微弱的光芒更显出凄凉和寂寞。在家门口站住了，他提起手来打着门。

　　开门的是妻，拿了摇摇的洋烛照出她的面庞异样地消瘦和腊黄。

　　"今天为什么这晚才回来？"

　　他只咿唔着地走到里面，这狭窄的屋子到处放满着东西，他脚踏手触地摸到床沿上坐了。

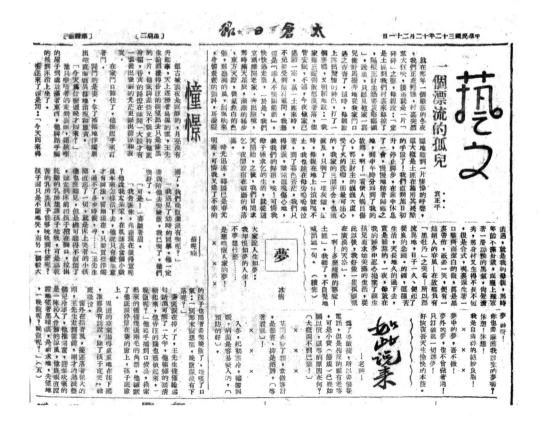

妻进来了还是问："今天回来得迟了，我们晚饭还没有吃呢？"

"我遇见了幼时的同学，他一定要我陪他去吃晚饭，我已吃了，他们吃好了。"

"可是！"妻皱着眉。

"我告诉你，兆森现在很得意呢？我说我太呆笨，在机关里当个小职员本来怎样活下去，他说只有做生意才有办法。譬如现在，只要买些洋烛，过不了多少时候，哼……"王先生简直忘了一切，就是床上哭着的小孩他也没听见。

但是她可听得不耐烦了，她走到床前把孩子抱在胸口，拉出干皱的乳房想让孩子吮吸，可是这干苦的乳房里孩子能够吮吸到什么呢？孩子还只是不断地哭，而另一个较大的孩子也闹着要吃晚饭了。她叹了口气："别那末痴想罢，晚饭还没有下落呢？"

妻底泪在掉下了，王先生仅仅给这句话酒可醒了一大半，他模糊的眼清晰起来，他昏眩的脑也灵敏起来"晚饭呢？"他把手插到口袋里，摸索出来的仅仅几张两毛的角票，他缄默了，他底眼停留在妻的脸上，孩子底脸上。

周遭的空气显得重重地在往下压，谁都没有话说，除孩子的哭，她的啜泣。

窗外在括着风，接连落着很大的雨。王先生走到窗前，刚才的热诚整个儿冷却了，他推开窗，迎面吹来的是一阵沁入骨髓的凉风，他底眼直瞪地望着黑暗里，是祈求地、失望地，"晚饭呢？晚饭呢？"（五）

1943 年 12 月 21 日《太仓日报》第四版

（注）这是发表在当年《太仓日报》副刊"艺文"上的连载小说，本书选录其第五节。

巢云楼遗稿序

疲安

　　诗以道性情，故非有真性情者诗必不能进于道。吾读老友王鹗士君巢云楼遗诗，益信斯言为不磨之论已。君名泰，字欢农，别署鹗士，邑之鸦江人，性孝友，貌诚愨，善写花鸟，得南田神髓。诗亦洒落可喜，不屑屑于规唐抚宋，而清澈淡远，妙造自然，袭光入业，肆力于商，发挥而光大之，卓识宏规，古之端木不啻焉。溯余之友君也，为逊清光绪甲辰之岁，时海上同文沪报附出消间录，专载诗词小品，……余亦闻声相慕，遂订心交，由是篇章商榷，铠札往还无虚日偶滞音问，则江树江云，相望于邑，春秋佳日辄脂车往访，登楼读画，把酒论诗，清簟疏帘间，每不觉倾谈移晷，襟尘为之一浣。……

1946 年 9 月 26 日《太仓明报》第四版

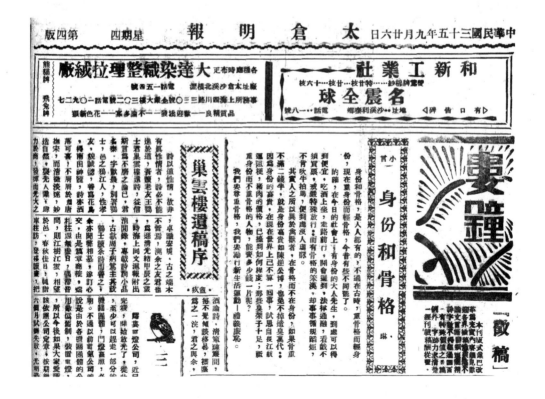

巢云楼主诗集（二）

鸦江王鹑士著

黄牡丹

洛阳花品重姚黄，管领人间百卉香；来自女贞称贵客，借将土德作新王。西京犹秉将军钺，南门曾赛妃子裳，宠擅东皇饶艳福，金钗十二舞成行。

红牡丹

春入朱门暖气融，娇姿独立绮罗丛；生成富贵绯曾赐，赋就清平犹正中。红拂旧居原洛邑，绛仙秀色冠隋宫；指头一捻脂痕在，输与天工作画工。

绿牡丹

湘子花曾顷刻开，特留佳种与人栽；绿珠早岁来金谷，碧玉芳容对镜台。别院歌姬披翠裕，今朝学士醉螺杯；六宫多少娥眉女，见一面偏妒一回。

黑牡丹

不施粉黛不施脂，幽默丰神玄妙姿，阅尽繁华甘守黑，抛将富贵合披缁。朝云入梦春光老，淡墨留痕画本奇；想是清平初草就，笔花献瑞上丹墀。

1946 年 11 月 8 日《太仓明报》第四版

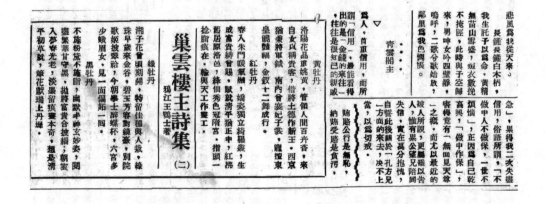

昆山石

一峯

昆山的石子，据说是非常出名的，这次我从昆山旅行回来，带回了四块奇妙的石子。

它们都非常富有诗意和画意。第一块是像一颗人头，头上血淋淋的非常可怕。不过它并不是一颗中国人的人头，却是一颗白种人的人头。第二块是像一只醒狮，雄赳赳的坐在一块山石上，像要准备去袭击人家的样子。第三块是活像一座巍峨的高山，但是它的表面虽然非常雅致，有树木、花草，简直还有瀑布，然而里边却有很多奇妙的洞，它使我中意的是可以装成美丽的盆景、养金鱼，供人玩赏、想像。第四块却是一块结晶体，亮晶的光耀夺目，又像黑夜里的星星，非常有趣，它还可以作为化学实验室里的材料，所以格外有价值。

现在我已把它们小心地保存起来，作为永久的留念。

1946 年 11 月 18 日《太仓明报》第四版

吊越伶筱丹桂

久安

红颜薄命，千古同悲，黄土埋香，万人共吊，海上名越女伶筱丹桂以仰药死。其自杀之原因，言人人殊，或谓以负债而登望乡之台，或谓以张春帆失爱而虐待故。然据报载君没后，遗产甚丰，其不负债也明甚。然则与张之由喜而变为冤家也确矣。夫以数年鸾凤和鸣之腻友，而一旦心志睽离，张且野心别有所注，觊觎越剧西施竺姝水招，此事果成，则君将永之失爱，张之负心背义，弃旧怜新，其激刺也，莫甚于此。毋怪君之气愤填膺，一瞑不视，甘心脱离此烦恼世界也。君之名，丹桂也，桂花虽天香散馥，品重蟾宫，然旋开旋落，不能持久桂子月中落，天香云外飘之诗，殆君之恶谶欤又云（金粟如来是后身），君其或得不少，越迷之痛惜，当亦永镌于心。自阮玲玉没后，死人出风头从无如此之盛，三尺孤坟常依苏小，万人空巷争悼桂娘。唱来鲍家之诗，低飞燐碧；勘破情天之梦，甘舍尘红。其亦可以自慰也乎！

1947 年 10 月 28 日《大仓明报》第四版

虞山游记

瘦婕

　　虞山为东南名胜，余心影往之者久矣，民国壬戌正月杪无悲陆表院遇访娄江寓楼，谈及虞麓胜迹，因约同游，并函约吴子启贤偕行。二月二十九日余挈忙儿乘轮赴沙溪，抵埠时吴子已跂候岸左，遂买车出发，至奚桥。无悲偕龚氏俊民、瑞芝、昆玉已联袂出迎。由无悲介绍下榻龚氏书斋。晚餐，虞山陆广文醉樵见访，畅谈。醉樵于龚氏为姻娅，适在奚桥，闻吾侪有游琴约，愿为导游，因订同舟，余赠以一诗。

　　三月初一日晨九时，解缆出发，同行者醉樵、无悲、启贤、龚氏昆玉，余等父子凡七人，促坐畅谈，篷窗瀹茗，致足乐也。午刻抵芝塘，因候潮暂舣，同人等因登岸瞻眺，镇有褒清寺，为宋政和时所建，颇宏壮。旋回舟，沿途过白茆，经卸甲庙，庙祀张士诚，相传为张氏败退处。既而出鮎鱼口，此处水势浩瀚，足称巨浸，遇乳娘坟，过五渠桥，桥之高大，较吾太双凤之上冈桥为尤甚，当时建筑工程之艰巨，概可想见。傍晚，舟抵虞麓，醉樵因离家已久，即登岸回。晚餐后，同人散步寺前街，其市肆之警盛，等于苏之金阊，品茗于湖园而返，以舟为家，同人等得联床共谈之乐焉。

1947 年 11 月 9 日《太仓明报》第四版

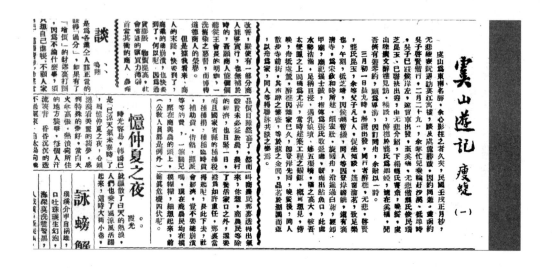

故事：光饼

友龙

我们走进糕饼店里买东西，可以看到一种形状圆圆、中心有一个空的饼，大家都很喜欢吃着它吗？你们可知道这种饼的来历吗？

我们知道，在历史上我们吃过倭寇很多的亏，尤其是东部沿海一带，在明朝时候出了二个大大有名的御倭大将。一个是唐顺之，一个便是对于"圆圆地中心有个空"的那种饼来历上大有关系的戚继光。

有一年，倭寇大举侵犯沿海浙江、福建等一带地方，戚继光奉命领兵抵抗。那一次倭寇来得特别多，所以战事特别激烈，在紧张的时候，兵士连吃饭的时间也没有。戚将军灵机一动，计上心来，便叫人用面粉做了很多饼，中间开着一个空，煮熟后用绳子穿着，然后每人一串的发给兵士，叫兵士挂在颈项间，好象马铃一般，在战场上杀得难解难分的时候，兵士们如果肚子饿，便可随手拿了大嚼。

后来倭寇击退，一般人为纪念戚继光胜利起见，便也模仿着做这样的饼吃，称做"光饼"，一直遗留到现在。

1947 年 12 月 8 日《太仓明报》第四版

游小普陀记

桃

古城南四五里曰小普陀，娄水胜地也。遍植桃树，春中盛放，云蔚霞铺，蔚为奇观。假日，约二三知友联袂挎裳，彳于田畦间，觅路而行，斯时宿雨新晴，初日照林，深翠欲滴，媚红含馨。至于原隰麦秀，莫不淹润柔滑，细腻莹洁。至小普渡，卧草茵上，略事休息，庙前有清溪，萦回数里，两岸垂柳，漾拂清波，而溪水深碧，泓淳见底，潜鳞了然，荇发可数，乃买棹鼓舟，一叶欸乃，荡漾湖心，落英朵朵。柔橹声声，恍置身图画也。由小普渡而南，曰南广寺，万树浓黛，点缀其间，而金碧蚀于蛛丝，阶砌隐于苔痕。入寺内，稍憩，出则夕阳斜掛，急觅旧路而返。

1948 年 4 月 27 日《太仓明报》第四版

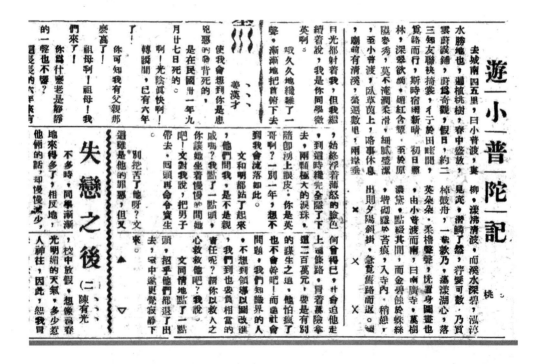

题朱丈恺俦幽篁独坐图

慕陵

心甘淡泊安独坐，栖迟克享清闲福。世外桃源未易求，且凭拳石倚修竹。欲避尘嚣息仔肩，襟期聊寄丹青幅。借物遣兴谁与同，东陵之瓜渊明菊。我闻在人如竹箭有筠，猗猗不改四时春。又闻平泉别墅有怪石，凝寒突兀状嶙峋。选竿攻玉随所适，斯人斯物见精神。君不见和靖子鹤并妻梅，功名富贵等飞灰。悟澈声香都幻象，湖山风月足盘徊。图中之□亦复签，韵事徽题逾十年。一卷护持同拱璧，右丞诗境在林泉。

1949 年 3 月 31 日《太仓日报》第二版

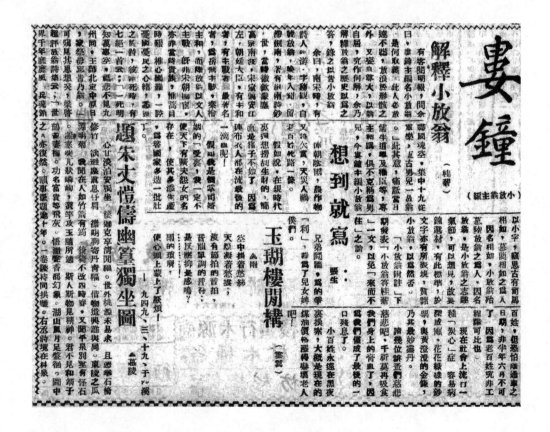

广告商情

本县最近之物价

据昨日调查，本县各项主要物价如下：上白米凤凰稻每市石一百三十元，次白米每石一百二十元，杜尖每石一百十五元，洋尖每石一百十二元，柴草每百斤五元，洋油每听一百二十元，查以每听七十元至九十元之价格购进存储者殊不乏其人。此种囤户似有制裁之必要。玫瑰牌火柴每小包四角。他如菜油、食糖之价格在此一月中并无变动。本周间激涨之物品当为纸烟，计品海牌每包一元一角，老刀牌每包一元二角，大英牌每包一元三角，前门牌每包一元五角，其他杂牌香烟价亦依次递增。

1942 年 1 月 19 日《太仓新报》第二版

浮桥百物步涨
走私难绝，生活为虑

浮桥镇近日以来各种物价无不步涨，其中尤以食米及杂粮等涨风更炽。推源其故，实由于来源稀少，而零星小贩之徒运往各地销售，每日川流不息，第以每次贩运数量稀少，查察更觉不易，而按日计口口升合者以赤贫户为夥，今因杂粮跟踪步涨，生活愈感困苦，人心惶惶，无不叫苦连天。希当局亟谋良策，设法抑制，借免饿莩载道之虑云。

1942 年 12 月 1 日《太仓新报》第二版

鱼商擅抬鱼价渔民集会讨论

双凤通讯　本邑鱼市场自开业以来，各地公行纷纷设立，就一般情形论成绩尚称良好，唯鱼商方面颇多利用新组织擅自抬价者，本镇渔民亦以鱼商利用做权贱入贵出，使渔民蒙受莫大之损失。曾于本月十七日假座镇公所召集渔民代表四五十人，决议在鱼市场未有合理办法前，过去鱼市场之决定暂不遵守。一面推派代表向渔会及太仓鱼市场二处报告事实经过，同时镇公所方面亦以鱼商抬价过高、民众不堪负担亦曾向鱼市场报告，促请改善。太仓鱼市场得报，即由正副主任率领职员六七人特放专车前往调整。闻结果极为良好，本月二十日本镇鱼市场已照常开业云。

1943 年 7 月 21 日《太仓日报》第二版

璜泾社会状况之一斑

　　五洋业生涯清淡。自五洋暴涨以来，就璜乡方面论，有余之家对该项日用所需已各有相当积贮，无需买此暴涨之物品。中户及小户之家因谋生已感不遑，对五洋属于次要，故日来该镇五洋业方面虽获利颇厚；而生涯则一落千丈云。棉花小贩大失利。璜泾为棉花业发达地区，故小贩亦特多，若辈在过去时每以做空头获利；乃新正以来，花价一跃直上，已至五百大关，而一般小贩多数因空头所累，已有数家破产云。

1942 年 4 月 13 日《太仓新报》第一版

饰金涨风炽烈　昨日银楼挂牌创新高峰

　　本报讯　本邑饰金自农历新年开市以来涨势愈演愈烈，诚为□前所未有，据该业同业公会负责人云：沪讯传悉，金市似波涛汹涌，趋向紊乱，条金价格正式行盘已逾三十大关。而暗中传说尚不止此数，故本邑各银楼饰金挂牌亦猛涨不已，自昨日起竟创三十五关新高峰云，合作社第三十一配给。

1945 年 2 月 24 日《大仓公报》第二版

火柴皂烛业公会实施火柴配给

　　本报讯　本邑火柴皂烛业同业公会业于前（六）日起实施火柴配给。兹探志该会规定发售办法如下：（一）城中三镇居户每户限购五小盒，价七十三元。（二）须凭户长居住证方可购买。（三）自一月六日至十日为发买时期，逾期作自愿放弃论。

1945 年 1 月 8 日《太仓公报》第二版

大饼油条突然涨价

　　本报讯　大饼油条原为一般贫民生活必需品，顷闻城区方面于昨日起突然加价，不论大饼油条每件概售一百元，照原价飞涨至一倍之多，不知凭何人之主张而达此涨价目的，一般贫民无不叫苦连天云。

1945 年 5 月 24 日《太仓公报》第二版

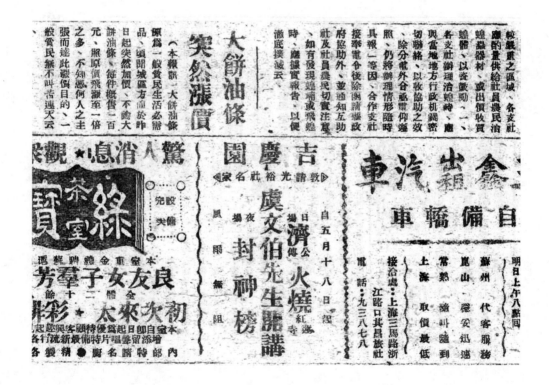

沙溪绸布业联合大廉价

沙溪通讯　流光迅速，节届仲冬，正吾人添置衣服之时，本镇绸布业有鉴于斯定于本月廿二日为始，发起同业联合大廉价三星期，将各色布正削码廉售。并于晨间发售另头段布。以故连日来各店均顾客拥挤，生意鼎盛云。

1946 年 11 月 25 日《太仓明报》第二版

物价狂涨

　　废历新正以来，各物直线上涨，不可抑止，尤以杂粮为更甚。虽曰这是增发大票，通货膨胀的关系，但是商人的掀风作浪，亦一重大的原因，最可笑的是在废历天的小除夕的两天，各地米价大都在五万七八千左右。可是沙溪市价，恰高达七万大关，形成混乱局面。原来一般利泰纱厂的职工因领到大量年赏，便四出购米囤积，一般商人灵机一动，平白地把米市一跳万元，置张县长"不得超越六万元限价"的法令于不顾，实属笑话。"谷贱伤农"，粮食价值上涨这是农人之福，可是这"福"已不是一般农民所能享到了，因为普通中下阶级的农民，所有的剩余农产物早在年关前的贱卖声中如数两讫。只有少数的富户大农现在还能源源肩担背荷而出，米涨、麦涨，各物俱涨，还是甜了少数人，苦了多数人。

　　如照这样的下去，政府不谋合理的制止，那末将来青黄不接的时候，一般小市民、贫苦农民以及公教人员，正是大难重重，前途不堪设想。

1947年2月4日《太仓明报》第四版

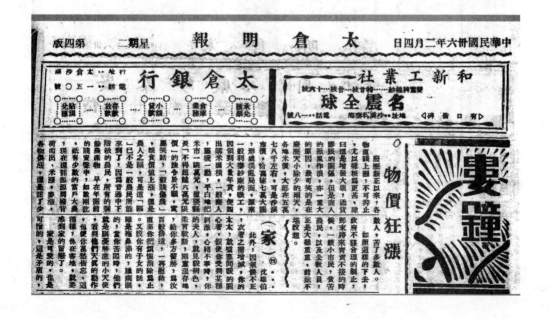

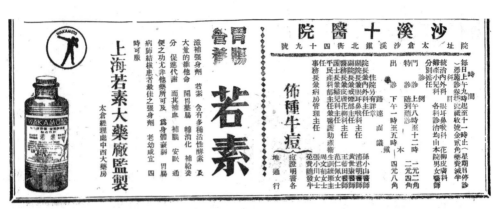

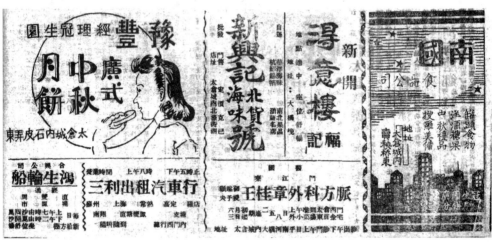

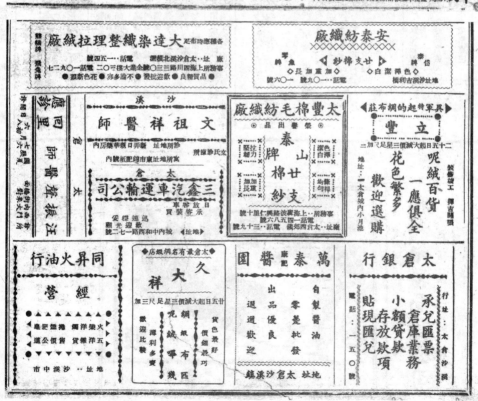

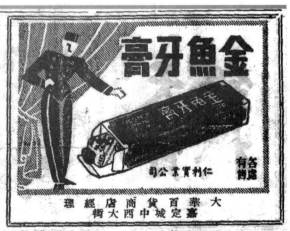

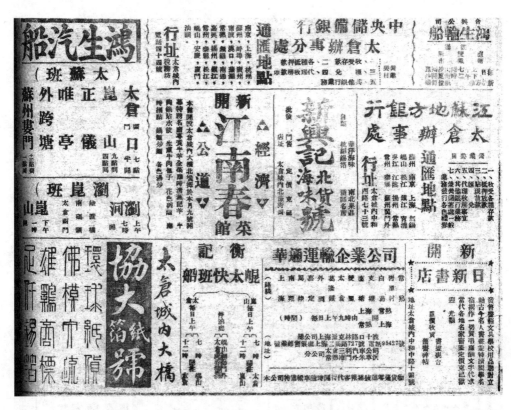

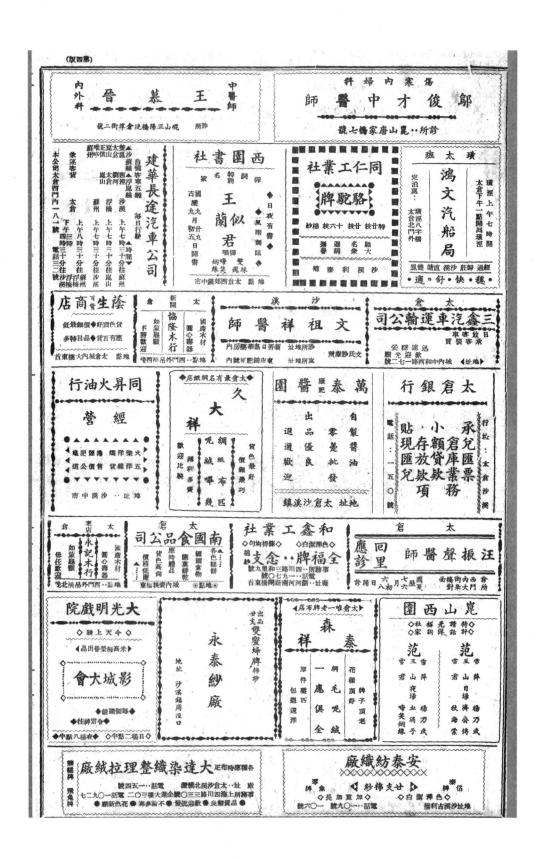

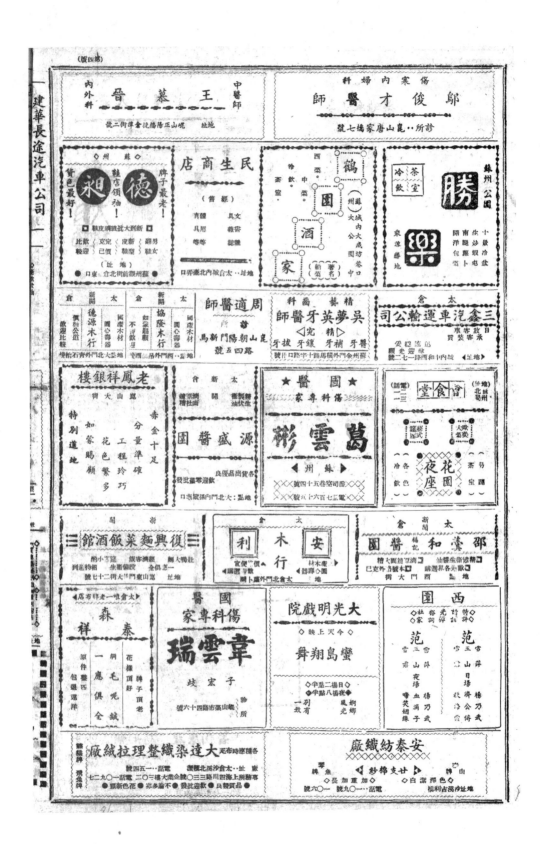

文史掌故

学山园废址

澹

园为明司空张任子灏所筑，在居宅后，去海宁寺西偏数武，门枕小溪，榆柳环之，入门为姿慵轩，西为庵蔼，稍南石梁长堤，中为濯魄冰壶亭，溪西渔矶。列峰十二，镌曰："何必严滩"，堤为浮梁，东西互百尺，渡而西为芥谷，出谷得五楹，赵凡夫篆额曰："鸥社"，堂西小山如牀，题曰："云旅"，再西为蝶庵，堂北长松修竹，外为莲池，池东北垣中有揽翠亭；东面方沼，亭之西北，曲径绕之，有封霜馆，慎夏轩，由轩行石窦中约千丈，外题曰"擅壑"，内题曰"冷然"，出壑而南，为放眼亭，夕佳岸，平台仿舫斋，再南有溪，为断续桥，枫林杂立，有亭曰"观止"，而园之胜尽矣，俗呼张家山，曾属其弟溥，今汪氏趣园，犹拾兹园之烬，得其一隅者，惜乎成之难而废之易，天下事大抵然也。

1942 年 12 月 24 日《太仓新报》第四版"名园小记"栏

弇山考

慕陵

今之谈太仓者，不曰娄水，辄曰弇山，唯娄江蜿蜒数百里，为吴地三江之一，固尽人皆知，而弇山则荒烟蔓草，几于遗迹难寻，非经考古，罕能知其详者。

按弇山为我琅琊王氏之家山，当明嘉靖中严嵩父子，专权作恶，残害忠良，我远祖明允公（讳忬）被陷后，凤州公兄弟，匍匐京师，呼冤莫白，乃遁世家居，于邑城小西门内，隆福寺之西，辟地七十亩，种竹栽花，凿池叠石，为园林之胜，相传有东西中三弇，高可十丈，其亭台堂榭，悉以弇山为名，因自号曰：弇洲山人，又筑小酉馆为兄弟读书讲学之所，四方学士辐辏于门，盖公之道德文章名闻四海内，李攀龙殁后，独执文坛牛耳者数十年，迄今犹令人称道不衰。故弇山之名，乃地以人传耳。

1946 年 8 月 13 日《太仓明报》第四版

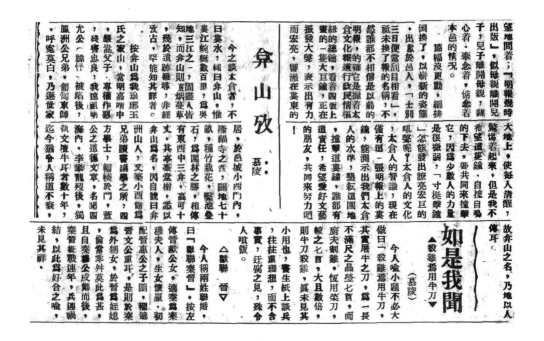

谈谈景三潭蟹

老饕

鞠有黄花之候，正持螯饮酒之时，而蟹之美，实无过于我乡景三潭所产者，地在三家市西北三里许，相传明副使茅贡曾以此贡于朝，作天厨之珍。余固老饕，而嗜此尤甚，每一念及，辄馋涎欲滴。

景三潭蟹之美，在于团。其肉之柔嫩，又其余事也。蟹，甚巨，而黄实多油，入口而化；肥美绝伦，倘益以紫芽姜，镇江醋、嘉定酱油，与二三知己，酌绍兴之酒，殊令人欢乐忘忧。

三家市市上所售之蟹，真属景三潭所产者，十仅二三，必择其背上作兀字文，螯端呈紫褐色者，则蓑衣色紫，而非凡品。

阅者诸君，有疑我言乎，曷到三一尝试之，倘尧葱舜韭，的是可口，将何以谢我？

1946 年 11 月 3 日《太仓明报》第四版

太仓十二古迹记

唐文治

　　表侄朱君屺瞻，工绘事，以所图太仓十二古迹见眎，曰浏河阅兵台、曰淮云寺、曰沧江风月楼、曰报本寺，曰血凝白壁碑、曰南园、曰刘家河、曰四先生祠、曰尊道书院、曰沈即山先生祠，曰安道书院、曰弇山园旧址，凡兹十二事，均附详记。嗟乎，屺瞻之绘是图，岂第保存古迹而已哉，有子曰，君子务本，孟子言，论世必先知人，方今缀学之士，于宇宙间，历史地理、广博闳通，而于乡土掌故，或懵焉不察，非务本之道也，吾乡自陆陈江盛诸先贤讲学以来，桴亭先生以理学名儒，所造广大精微，遂得从祀文庙，实为吾乡特色。而当时之析疑问难，飙举云从者，类皆一时杰出之士，迄今过桴亭先生故址，及淮云寺者，相与远瞩高瞻，抒高山景行之慕，岂非敦本之谊，良知不泯者乎。奋乎百世之上，百世之下，闻者莫不兴起，唯望后之阅是图者，学诸先贤之学，行诸先贤之行，体用具备，文武兼资，异日为公侯于城之选，则古今人何滤不相及哉，今嘉屺瞻之绘是图有深意也，爰作记以表章之。

1946 年 11 月 10 日《平民日报》第二版

拙园

公望

　　"考之家训一书，盖为予鼻祖淡泉公所建，名之曰拙园。彼终日杖游于是……是园曾向往遐迩，园有土墩三，中间池沼，扁舟可泛，草花树木，杂果野味，无不充其间。岩峭立，仰仆均有，池鱼可数……时久代远，年久失修，杂芜荒榛，山石倾颠，地水汙塞，久鲜人迹，没焉而无闻矣。"

　　曾几何时，河山依旧，人事全非，将昔日所作之书，视之则尘蠹累累矣。想到拙园昔日之盛烈，而现在败到这般，能不痛心? 但自去岁，平原新筑是园之阳后，游眺之人，亦稍涉足矣，读司马季主论卜云：

　　"碎瓦颓垣，昔日之歌楼舞馆也，荒榛断梗，昔日之琼蕤玉树也……昔日之所无，今日有之不为过，昔日之所有，今日无之，不为不足，花开者谢，物故者新……"

　　不禁唏嘘，叹沧桑之无常也!

1947 年 3 月 5 日《太仓明报》第四版

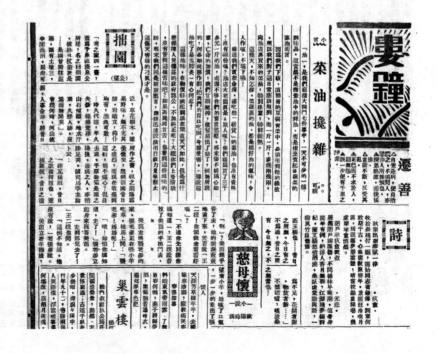

周烈女凤姑碑文

周烈女凤，少祝发于香象庵，庵尼与顾恩私，为烈女所见。尼嗾恩并强污女，女不从，胁以刃，事急，以石砚投恩，不中，遂被害，此康熙六十年五月事也，州守李珏穷治之，毙恩于狱，尼瘦死，众共毁庵，痊烈女于其地，乾隆八年，权州守王延悲请于抚军陈公大绥，题其墓曰：血凝白璧，岁久碑亭倾敧，予命工筑而修之，爰揭其事于石，而铭之词曰。白璧之白磷不涅，白璧之坚火不爇，大书刻石，石有时而泐，烈女之名永不灭。

同治九年夏五月权知太仓州事、合肥蒯德模撰。

1947 年 5 月 4 日《太仓明报》第四版

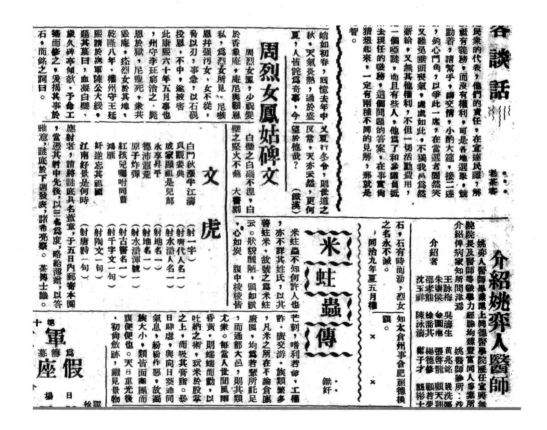

重修隆福寺碑记

唐文治

　　吾邑隆福寺故老相传，建造在萧梁以前，厥后相沿称为敕建，大抵自梁时历隋唐宋元明清诸代，迄今盖二千年矣。其地当城之西南隅，门外有池约三亩许，植莲花数十本，余于庚寅辛卯两年，设帐小西门内顾氏，每日必经其地，乡暮云影池光，荷香芬馥，回溯前明陆尊道桴亭先生讲学于淮云寺，陈安道确庵先生讲学于蔚村，七十二潭，莲花若隐若见于心目中，人间胜境，皆心理所造成，得此亦已足矣，用是容与俳徊，不能舍去，薄暝始返，时余赁居中城南牌坊赵家厅内也。人事无常，沧桑屡易，日寇内侵，寺刹遂成荒落，旁风上雨，几无盖障，宵人因之盗窃，佛家仅有存者，艺林志士经涉其地，辄凭吊欷歔，不能已已，岁蹉丁亥暮春，主持僧慧通慎修大发宏愿，徧诣城乡，鸣鱼托钵，告虔劝募，邑人感其诚，踊跃惠币，得款一千万金。爰请邑绅陆勤之，许平凡诸先生，暨余弟璞承，设经济保管会，辅助督导，众工齐举，历二月工告讫功。于是庙貌焕然重新，佛像亦将次第恢复。慧通慎修之功，洵足嘉哉，嗟夫，古迹之显晦人文隆替之系也，窃意尊道书院，及明王烟客太常之南园，皆当次第规复，率优秀青年，诵读其中，沐浴诗书之泽，阐扬陆陈江盛四先生之正学遗型，天下培善因者必结善果，此则邦人君子之责，而余亦愿追随其后者也，爰勒诸石，用谂来者。

1947 年 9 月 18 日《太仓明报》第三版

苏州沧浪亭兴废考

叶笑儒

　　沧浪亭，是苏州最古最有历史价值之园林，每逢春秋佳日，中外士女慕名游咏者，联袂偕来，考之苏州府志，沧浪亭在郡学之南，旁有小山，高下曲折，颇尧雅趣。石林诗话，以为钱氏时广陵王元璙之池馆，或云其戚孙承佑所作，宋庆历间，苏舜钦得之，傍水筑亭曰"沧浪"，欧阳忠公诗云：清风明月本无价，可惜只卖四万钱，从此沧浪之名始著。子美死后，为章申公所有，建炎兵灾，为韩蕲王所得。绍兴初，蕲王提兵驻吴，因居之，作桥于两山之上，名曰飞虹，山之堂曰寒光，旁有冷风亭，又有翊运堂，池侧有濯缨亭，梅亭曰瑶华境界，竹亭曰翠玲珑，桂亭曰清香间。嘉靖间，郡守胡纤宗追寻其地，建韩蕲王庙，又有大云浮图，寻古遗事，复子美之构于荒残灭没之余，当时归有光先生所撰之沧浪亭记一篇，传诵海内，妇孺皆知。后来宋漫堂中丞莅苏，沧浪亭榭，又经一度重修，复构亭于山巅，觅得文衡山隶书"沧浪亭"三字，揭诸门楣，恢复旧观，但是年湮代远，世事沧桑，兵灾之后，园林古迹，兴废岭遭，不胜今昔之感。

1948 年 1 月 24 日《太仓明报》第四版

太仓县立图书馆新编书目序

狄斗南

　　乙丑之冬，日寇沦邑，旧馆藏书，与楼俱烬。虽历来汗牛充栋之家，非遭六丁之厄，即被委弃为糊窗裹物之需，有识之士，怒焉忧之，乃怂恿伪官，斥资收购，以县教育局故□，辟为馆舍。迨胜利复员，余奉檄忝□馆务，按册点收，得经部一九九八册，史部五三一七册，子部二七八八日，集部三五〇〇册，丛书部五〇〇〇册，新著部一二二一册，乡人著述部一三五七册，儿童读物部一四九册，

丛残脞杂，整理费时，伪时书目，不完不备，迺详加釐订，分别部居。踵民国十三年旧馆目录例，编成八卷，俾便稽考，蠹书缺简，悉为注明，小待修补，钤印题记，间亦甄录，藉知原委，夫太仓虽濒海小邑，自宋元以降，文物特盛，久为东南献国，藏书之家，指不胜口，屡经兵燹，大半散亡，清季东仓书库之书，尽为有力者捆载以去，旧馆历二十年之搜访，目录已一再印行，尽堪弥其缺憾，讵知有乙丑十月之巨变，致使数十百人艰难缔造之功，尽归乌有，能无抚卷涟洒，过墟感叹者乎。余莅馆迄今，瞬逾二载，请费之难，舌敝赎积，所增置者既鲜，益从各处捐赠之书，不过九二册。又侦知二十六年送往上海文献展览会陈列之乡贤遗著，尚留沪滨，幸免同烬，亟遄赴运回。按之故馆长吴诗雨苍手写简目，亦不免阙佚，泯泯而已，无如何也，第念此兵火孑遗之书，掇拾匪易，爰将续至者因类辑入，抱残留阙，聊尽吾责云尔。

1948 年 2 月 21 日《太仓明报》第四版